C.H.BECK  **WISSEN**

in der Beck'schen Reihe

W0065924

Diese kleine Geschichte der Pädagogik versteht sich als ein engagierter Beitrag zum Dialog zwischen erzieherischer Praxis und pädagogischer Theorie. Winfried Böhm legt in einem ersten Teil die Wurzeln der abendländischen Pädagogik in der griechischen Antike, dem Christentum und der Aufklärung frei, geht in einem zweiten Teil der pädagogischen Idee im 19. und 20. Jahrhundert nach und bietet abschließend einen Überblick über die Pädagogik der Gegenwart.

Winfried Böhm ist Professor em. für Pädagogik an der Universität Würzburg und lehrt an renommierten Universitäten in Italien, den USA und Südamerika. Sein «Wörterbuch der Pädagogik» (16. Auflage 2005) gilt als Standardwerk.

Winfried Böhm

GESCHICHTE DER PÄDAGOGIK

Von Platon bis zur Gegenwart

Verlag C. H. Beck

Meinem verehrten Lehrer Giuseppe Flores d'Arcais
(1908–2004)

Die erste Auflage dieses Buches erschien 2004.

2., durchgesehene Auflage. 2007

Originalausgabe
© Verlag C. H. Beck oHG, München 2004
Gesamtherstellung: Druckerei C. H. Beck, Nördlingen
Umschlagentwurf: Uwe Göbel, München
Printed in Germany
ISBN 978 3 406 50853 0

www.beck.de

Inhalt

Einleitung

Eine Geschichte der Pädagogik, die auf recht schmalem Raum und dennoch in gut lesbarer Form eine denk- und handlungsorientierende Gesamtschau auf rund 2500 Jahre abendländischen Bildungsverständnisses geben will, bedarf einer wohlüberlegten Konzeption und einer begründeten thematischen Eingrenzung.

Schon das Wort *Konzeption* verweist auf die Grundüberzeugung der Geschichtstheorie, wonach geschichtliche Tatsachen überhaupt nur festgestellt und eingesammelt werden können, wenn man über ein konzeptuelles Wissen verfügt. Was man in Bezug auf die Geschichte der Pädagogik als wesentlich und daher berichtenswert und was man als unwesentlich und daher als vernachlässigenswert betrachtet, hängt entscheidend von dem Begriff von *Pädagogik* ab, den man seinem historiographischen Bemühen zugrunde legt. Edward Hallett Carr hat die Begriffe des Historikers mit einem Fischernetz verglichen: So, wie das Netz des Fischers darüber entscheidet, welche Fischsorten er an Land ziehen wird, bestimmt das Begriffsnetz des Geschichtsforschers, welche Sorte von Daten und Fakten er einfängt.

Die hier vorgelegte Geschichte der Pädagogik geht nicht die ausgetretenen Wege einer Sozial- oder Institutionengeschichte; sie versteht sich auch nicht als eine Tatsachengeschichte der Erziehung, und ebenso wenig will sie eine pädagogische Personen- oder Heldengeschichte liefern. Es handelt sich auch nicht um eine pädagogische Ideen- oder Prinzipiengeschichte im herkömmlichen Sinne; und sie wird – bei aller notwendigen Konzentration des Stoffes – ihren Horizont auch nicht auf die Wissenschaftsgeschichte einengen. Diese Geschichte der Pädagogik hebt sich sowohl von überkommenen als auch von modischen Zugriffen dadurch ab, dass sie in einem weiten methodischen Sinne an die im angelsächsischen Sprachraum entstandene, von

Autoren wie Arthur O. Lovejoy, George Boas und Isaiah Berlin
begründete und von Quentin Skinner und anderen weiter-
geführte *History of Ideas* anknüpft und diesen Ansatz für die
Geschichtsschreibung der Pädagogik fruchtbar zu machen ver-
sucht. Von daher geht es ihr nicht darum, einen lückenlosen Katalog der ganzen Fülle pädagogischer Ideen (im Plural) zu erstel-
len, sondern vielmehr die Entstehung, Ausgestaltung und – bildhaft gesprochen – «schichtweise» Anreicherung der *Idee der
Pädagogik* (im Singular) zu rekonstruieren und nachzuzeichnen.

Es ist mit diesem Buch nicht beabsichtigt, einen Beitrag zu jener pädagogischen Historiographie zu leisten, die in ihrem kärr-
nerhaften Drängen auf geschichtliche Kleinarbeit das Ganze der
Pädagogik tendenziell aus dem Auge zu verlieren droht und sich
weniger als eine pädagogische Teildisziplin denn als eine Unter-
abteilung der allgemeinen Geschichtsforschung begreift. Die Intention des Autors ist es umgekehrt, jene *historische Dimension*
von allem pädagogischen Denken, Entscheiden und Handeln zu
vergegenwärtigen, ohne welche die pädagogische Wissenschaft
und jede praktische Erziehung zwangsläufig verarmen. Die ver-
breitete Unkenntnis der Geschichte der Pädagogik kann jene
peinliche Situation herbeiführen, in der man nicht mehr entscheiden kann, wo echte Fortschritte der Erkenntnis vorliegen
oder wo es sich schlicht nur um Wiederholungen handelt. Besonders peinlich gestaltet sich diese Situation dort, wo eine ge-
schichtslos gewordene Erziehungswissenschaft das früher er-
reichte Niveau des Denkens und Argumentierens unterschreitet
und emsig um Problemformulierungen und Problemlösungen
ringt, die in der Scheuer des historischen Wissens längst bereit-
liegen und auf Abruf warten. Ohne Geschichte fängt jede Generation wieder von vorne an und könnte meinen, die Erziehungswissenschaft oder sogar die Erziehung neu erfinden zu müssen.

Viel schwerer mag es noch wiegen, wenn den praktisch Erziehenden und Lehrenden die historische Tiefendimension ihres
Handelns verschlossen bleibt und sie sich möglicherweise der
Zufälligkeit und Beschränktheit ihrer eigenen Erfahrungen –
wobei sich diese häufig nur auf schicksalhafte Erlebnisse und
passiv erlittene Widerfahrnisse reduzieren und oft gar keine

aktiv gemachten Erfahrungen einschließen – ausgeliefert sehen oder sie sich hilflos an didaktisch-methodische Rezeptanweisungen klammern.

Wenn wir von dem erzieherischen Handeln als einer «Praxis» sprechen und dieses Wort nicht nur in einem umgangssprachlich vorphilosophischen Sinne gebrauchen, dann meinen wir damit, dass dieses *Handeln* weder mit *Theorie* (von griech.: *theorein* = betrachten) noch mit *Poiesis* (von griech.: *poiein* = machen, verfertigen) zusammenfällt, also nicht nur eine *Schau* dessen darstellt, was mit Notwendigkeit so ist, wie es ist, und auch nicht ein handwerklich-technisches *Herstellen* und *Produzieren*. Mit «Praxis» meinen wir in jedem Falle etwas, das mit menschlicher Freiheit zu tun hat und nach Grundsätzen, Maßgaben oder Prinzipien abläuft, also stets *von Ideen geleitet* ist. Um es ganz einfach auszudrücken: Wer erzieht, sollte sich vorher etwas gedacht haben; er bzw. sie sollte eine *Idee von Pädagogik* haben, die als Richtmaß und Leitstern des Handelns dienen kann. Wenn diese Idee aber nicht nur ein spontaner Einfall oder gar nur eine individuelle Grille sein soll, woran sollte sie sich dann besser orientieren als an dem unerschöpflichen Schatz der in der Geschichte der Pädagogik aufgehobenen Gedanken und Entwürfe?

Die vorliegende Geschichte der Pädagogik ist deshalb nicht aus einer von der erzieherischen Praxis abgehobenen Perspektive eines distanzierten Beobachters geschrieben; sie versteht sich vielmehr als ein engagierter Beitrag zum *Dialog zwischen pädagogischer Theorie und erzieherischer Praxis*. Dieses Gespräch stirbt ab, wo es durch das Metagespräch der Erziehungswissenschaftler ersetzt und die erzieherische Praxis in ein technisches Handwerk verwandelt werden soll. Das lebendige Gespräch zwischen Theorie und Praxis ist aber dort unerlässlich, wo das erzieherische Handeln nicht nur auf von außen kommende gesellschaftliche Erwartungen *reagieren*, sondern sich eigenständig begründen und mündig *agieren* will. Klaus Mollenhauer hat in diesem Zusammenhang zwischen der *sozialen Fremdrolle* der Lehrer und Erzieher und ihrer *pädagogischen Selbstrolle* unterschieden. Während jene von anderen bestimmt wird, definiert der Lehrer und Erzieher seine Selbstrolle selber, freilich nicht willkürlich und aus der Luft gegriffen, sondern «in einem pädagogischen Gedankengang und aufgrund der mit diesem verbundenen geschichtlichen Erfahrungen», also von einer theoretisch und historisch fundierten Bildungsidee her. (Klaus Mollenhauer: *Die Rollenproblematik des Lehrerberufs und die Bildung*, in: Die Deutsche Schule, 54, 1962, S. 463 ff.)

Als erkenntnisleitende Arbeitshypothese dieser Geschichte der Pädagogik kann folgende Fassung der Idee der Pädagogik dienen: *Der Mensch als ein mit Vernunft, Freiheit und Sprache begabtes und geschichtliches Lebewesen bringt sich im Lichte jener Vorstellungen hervor, die er von sich selbst hat und von sich selbst zeichnet, beispielsweise als gesellschaftlicher Rollenspieler, als Naturwesen oder als autonome Person.* Jede dieser Selbstdeutungen beinhaltet einen pädagogischen Aspekt und schließt eine «Bildungslehre» ein.

Die Idee der Pädagogik kommt in ihrer geschichtlichen Ausgestaltung mithin dort zu sich selbst, wo der Gedanke der geschichtlichen Selbsthervorbringung des Menschen nicht mehr nur den Grund für eine Bestimmung des Menschen abgibt, sondern selbst zur Bestimmung des Menschen wird: Der Mensch ist jenes Wesen, das seine Bestimmung nicht von außen empfängt, sondern sich selber gibt und selber geben muss, um auf diese Weise zum authentischen Autor seiner eigenen Lebens- und Sinngeschichte zu werden. Diese Idee in ihrem geschichtlichen Werden und in ihren unterschiedlichen Ausformungen zu vergegenwärtigen, ist Aufgabe dieses Buches. Es geht dabei von der festen Überzeugung aus, dass die Besinnung auf die historische Dimension des pädagogischen Denkens und der erzieherischen Praxis sowohl für die Erweiterung des geistigen Horizontes als auch für die Orientierung in der praktischen Arbeit des Erziehens und Unterrichtens notwendig ist und ihnen (im vollen Sinne dieses Wortes) *maßgeblich* dient. «Ein Zwerg, der auf den Schultern eines Riesen steht, kann weiter sehen als der Riese selbst.» (Didacus Stella)

1. Die Geburt der Pädagogik aus dem Geiste der griechischen Antike

Die Anfänge der Erziehung verlieren sich im Dämmerlicht der Geschichte. Erziehung in Form der mündlichen Weitergabe von Maßregeln der Lebensgestaltung und die Übermittlung bestimmter kultureller Orientierungsmuster von der älteren an die jüngere Generation dürfte so alt wie die Menschheit selbst sein.

Diese archaisch-primitive Erziehung bewegt sich wie alle bloße Weitergabe von Erfahrungen in ausgesprochen konservativen und festgefahrenen Bahnen. Sie bleibt im wesentlichen darauf beschränkt, genau umschriebene Inhalte den Heranwachsenden «beizubringen», ohne dass man diesen die Möglichkeit zu eigener Kritik einräumt und ohne dass man sich um deren Zustimmung kümmert, geschweige denn sich darum bemüht. Von Anfang an kommt dabei dem Vorbild großes Gewicht zu. Vorbilder eignen sich auch dazu, den «Klassencharakter» der Erziehung zu befestigen, indem sie Muster für die Herrschenden (die Herrschaften) und andere für die Beherrschten (die Knechte und Mägde), solche für die *aristoi* (die Herausragenden) und solche für den *demos* (das gemeine Volk) bereitstellen.

Hier wird das Neue sichtbar, das die griechische Antike für das pädagogische Denken in dem doppelten Sinne des Wortes *prinzipiell* (von lat.: *principium* = zeitlicher Anfang und durchtragend bleibender Grund) geleistet hat: Sie hat die Auffassung der Erziehung als einer bloßen Nachahmung der Älteren und als einer tätigen Eingewöhnung in das soziale Gefüge überwunden und damit zuallererst den Grund für ein pädagogisches Bewusstsein gelegt.

Dieser «Fortschritt» läßt sich sehr gut an dem alten griechischen Grundwort *areté* (lat.: *virtus* = männliche Tüchtigkeit) verdeutlichen. Ursprünglich diente dieses nur schwer übersetzbare Wort dazu, die «Vortrefflichkeit» oder «Vorzüglichkeit» eines Dinges zu bezeichnen, das seiner Bestimmung gerecht wird, bzw. eines Menschen, der seine Bestimmung verwirklicht. Zu einem pädagogisch bedeutsamen Begriff wurde *areté*, als es darum ging, auf das «Mustergültige» und damit «Vorbildhafte» eines Lebensvollzugs bzw. einer Gestalt hinzuweisen. In seinen Moralischen Briefen an Lucilius hat Seneca folgende eingängige Formel gebraucht: «Die areté jedes Seienden bedeutet Bestzustand, Vollendung seines Wesens.» (*Epistolae morales* 76, 9)

Der geschichtsträchtige pädagogische Impuls der Antike liegt in der Umdeutung der *areté* von einer angeborenen, nur einer kleinen Adelsschicht zukommenden Ausstattung zu einer *vom Menschen selbst zu vollbringenden Leistung*. Dabei wird sich das griechische Denken zwar der pädagogischen Idee von der Selbstbestimmung und Selbsthervorbringung des Menschen bewusst, aber es traut die schöpferisch-existentielle Verwirklichung dieser Idee noch nicht dem einzelnen Menschen zu. Auch die pädagogische Lesart der *areté* bleibt zunächst eng mit dem Gedanken einer vorgegebenen Welt- und Lebensordnung verbunden, aus deren Maßstäben und bildenden Kräften heraus die Erziehung ihren Grund und ihre Sicherheit gewinnt. Von den beiden Ordnungsbegriffen *polis* und *kosmos* her und aus dem Lebensgedanken und der Lebenswirklichkeit des hellenischen Stadtstaates (*polis*) heraus entfaltet sich eine spannungsreiche Vielheit von pädagogischen Denk- und Handlungsmodellen, die für die gesamte abendländische Bildungs- und Kulturgeschichte beispielhaft und wegweisend geworden sind. Mehr oder weniger unmittelbar greifen fast alle nachantiken Pädagogiken auf eines oder mehrere dieser Modelle zurück, auch dort, wo sie scheinbar einen völligen Neuansatz des pädagogischen Denkens darstellen, und oft auch dort, wo sie einen solchen ausdrücklich verkünden. Die damit eingeleitete Geburt der Idee der abendländischen Pädagogik datiert also – grob gesprochen – in jene weltgeschichtliche «Achsenzeit» zwischen 800 und 300 v. Chr., in der Karl Jaspers den tiefsten Einschnitt in der gesamten Menschheitsgeschichte gesehen hat.

Innerhalb eines kosmischen Weltbildes ereignet sich, bei den Sophisten und bei Sokrates, das, was Bruno Snell so meisterhaft als «Die Entdeckung des Geistes» (1947) beschrieben, Wolfgang Nestle so bildhaft als den Weg «Vom Mythos zum Logos» (1940) dargestellt und Karl Jaspers in seinem Buch «Vom Ursprung und Ziel der Geschichte» (1949) aus betont existenzphilosophischer Perspektive heraus so eigenwillig als die anthropologische Erfahrung der «Achsenzeit» bezeichnet hat: das Heraustreten des Menschen aus der Ruhe, Geschlossenheit und Selbstverständlichkeit eines mythischen Weltbildes und der Eintritt in die Unruhe, Fragwürdigkeit und Ungewissheit einer auf sich selbst gestellten menschlichen Existenz. Der menschliche Geist wird seiner selbst gewahr, besinnt sich auf sich selbst und gewinnt eine distanziert-kritische Einstellung zu den bis dahin fraglos übernommenen und gefügig verinnerlichten Traditionen. Der Mensch sucht den letzten Rechtsgrund einer Überzeugung nicht mehr in der Autorität ihres Herkommens, sondern in der menschlichen Vernunft, d. h. in der Fähigkeit, das Richtige und Wahre, das Rechte und Gute aus eigener Einsicht zu vernehmen.

Die Erziehung als Kunstfertigkeit bei den Sophisten

Nach den sog. Vorsokratikern, zu denen man die Philosophen vor dem Auftreten des Sokrates zählt und deren Lehren uns nur in der bruchstückhaften Form von Fragmenten überkommen sind, stehen die Sophisten am Anfang der abendländischen Pädagogik. Im Gegensatz zu jenen konzentriert sich ihr Fragen auf den Menschen und seine kulturellen Hervorbringungen, insbesondere Sprache, Religion, Handwerk und Künste, die Grundsätze der staatlichen und politischen Ordnung, die Normen des menschlichen Handelns und deren Herkunft, schließlich die Erkenntnisfähigkeit des Menschen und sein Vermögen, das gesellschaftliche Zusammenleben vernünftig zu gestalten und zu regeln. Man hat das Denken der Sophisten daher mit gewisser Berechtigung als eine erste «anthropologische Wende» des abend-

ländischen Philosophierens und als eine erste «Aufklärung» bezeichnet. Die Sophisten (Weisheitslehrer) verstehen ihren Beruf
als eine sowohl lehr- als auch lernbare *techné* (Kunstfertigkeit).
Mit ihrer Hilfe wollen sie ihren Schülern ein gesellschaftlich
und politisch nützliches Wissen beibringen und solche Fertigkeiten vermitteln, die ihnen Erfolg und Durchsetzung im Leben
versprechen und zu einer pragmatischen Lebenstüchtigkeit und
zu einer politischen Führungsqualität (*areté politiké*) verhelfen.
Als die geeignete Methode für diese Lehre galt ihnen die *techné
rhetoriké*, d. h. die Kunst der überzeugenden und Zustimmung
gewinnenden Rede.

Wenn man die Vielfalt der sophistischen Ansätze stark ver-
einfacht, dann lassen sich wenigstens drei pädagogische Lehren der Sophisten unterscheiden: Protagoras aus Abdera (ca.
480–415 v. Chr.) lehrt, alle Probleme von verschiedenen Seiten
her anzusehen und anzugehen, die Argumente pro und contra
einer jeden gedanklichen Position aufzufinden, die Kunstfertigkeit der Diskussion und der Auseinandersetzung mit anderen zu
erwerben und auszubilden. Von dem Sizilianer Gorgias aus Len-
tini (ca. 483–374 v. Chr.) stammt eine formal-rhetorische Erziehung, die stark in der Rede machen und zeigen will, «daß die
Überzeugungskraft, wenn sie der Rede beiwohnt, auch der Seele
aufprägt, was sie will.» (*Helena* 13). Hippias von Elis (um 400
v. Chr.) hat eine enzyklopädische Erziehungslehre vorgelegt;
diese will sowohl die Geschicklichkeit in nützlichen Künsten
vermitteln als auch das für das öffentlich-gesellschaftliche Leben erforderliche Wissen bereitstellen, und sie hat von daher
den Gedanken der *Allgemeinbildung* vorbereitet. Diese Allgemeinbildung wird von den Sophisten nicht theoretisch grund-
gelegt, sondern sie bewährt sich in dem konkreten Vollzug der
paideia als aufklärende und befreiende Vernunft. Insgesamt ist
die sophistische Pädagogik in ihrem Fortwirken bis zu Nietzsche und noch darüber hinaus dadurch gekennzeichnet, dass sie
die menschliche Rede zu einer Sache macht, mit der etwas bewirkt werden kann und soll. Dabei unterscheiden die Sophisten
zwischen dem Wahrheitsinteresse und dem Wirkungsinteresse
und geraten dadurch in die Versuchung, das zweite über das

erste zu stellen. Damit geht fast unvermeidlich ein erkenntnis-
theoretischer Relativismus und ein ethischer Utilitarismus ein-
her. Der eine setzt die menschliche Erkenntnis der Gefahr der
Beliebigkeit aus («Wahr ist, was sich bewährt»); der andere
unterwirft das moralisch Gute der Maxime von Gewinn und
Verlust («Gut ist, was nützt»). Beide sophistischen Theoreme –
der erkenntnistheoretische Relativismus und der ethische Utilitarismus – haben positive wie negative Aspekte; entsprechend
kontrovers sind sie diskutiert und in ihren pädagogischen Konsequenzen beurteilt worden.

Auf der einen Seite wird von den Sophisten die mythologisie-
rende Absolutsetzung der eigenen Kultur dadurch aufgesprengt,
dass sie Herkunft und Legitimationsgrund von Gewohnheit,
Sitte und Recht hinterfragen. Auf der anderen Seite beschwören
sie die Gefahr herauf, dass die objektiven Wahrheitskriterien
verloren gehen und alle überindividuellen Wertmaßstäbe zer-
brechen. Denn wenn sich Gewohnheit, Sitte und Recht und
auch die anderen Ordnungen nicht als von Natur gegeben, sondern als durch menschliche Setzung hervorgebracht und damit
als abhängig von den Setzenden erweisen, dann stellen sie sich
in der Tat als «relativ» und als jederzeit veränderbar dar. Daraus kann dann entweder ein absoluter Relativismus entstehen
(«Alles ist gleich gültig und damit völlig gleichgültig») oder ein
tiefer Skeptizismus erwachsen («Nichts kann wirklich erkannt
und gewusst werden»). Pädagogisch gesehen kommt das (viel
später als «postmodernes» wiederkehrende) Problem auf, ob
sich dann ein pädagogischer Anspruch überhaupt noch rechtfertigen lässt und wie das verbindlich zu Lernende von dem Be-
liebigen unterschieden und wie die überindividuelle Gültigkeit
von sittlichen Maßgaben und Forderungen gegenüber individueller Willkür begründet werden kann. Didaktisch-methodisch ist dieser Frage die andere vorgelagert, wie die divergie-
renden individuellen Standpunkte, Betrachtungsweisen und Urteile zusammengeführt und nach Möglichkeit zu einem Konsens
gebracht werden können.

Die sokratisch-platonische Kritik an den Sophisten hat auf
der Folie eines absoluten Wahrheitsbegriffs den Relativismus

überzeichnet und ihnen vorgeworfen, die *areté* des Menschen und damit Ziel und Aufgabe der Erziehung bestünden für sie nicht in objektiver Wahrheitssuche und im Ringen um sittliche Vollkommenheit, sondern in der Durchsetzung der je eigenen Meinung und im Bestreben, unter allen Umständen Recht und um jeden Preis Erfolg zu haben. Die Sophisten glaubten – so lautet der Vorwurf weiter – nur an eine einzige Wahrheit, dass es nämlich Wahrheit nicht gibt. In pädagogischer Hinsicht gelte ihnen als gut, was im Leben Erfolg bringt und sich bar auszahlt. Die von ihnen zu einer sachentbundenen, formalisierten Kunst denaturierte Rhetorik missbrauchten sie nicht nur zur Erziehung, sondern ebenso auch zur Blendung und Überredung der Mitmenschen. Auf den kleinsten gemeinsamen Nenner gebracht gipfelt diese Kritik in der Behauptung, die Lehre der Sophisten sei grundsätzlich eine monologische Vermittlung von dogmatischen «Antworten» und nicht ein im dialogischen Miteinander vollzogenes «Fragen» und Suchen.

Der rhetorische Humanismus des Isokrates

Aus einer ganz anderen Sicht heraus betrachtet und beurteilt Isokrates (436–338 v. Chr.) die philosophisch-pädagogischen Gedanken der Sophisten. Obwohl selber Schüler des Sophisten Gorgias, hat Isokrates die der Sophistik einwohnenden Gefahren deutlich gesehen und die Rhetorik weniger als ein Handwerk denn als eine der Philosophie verpflichtete Bildungslehre verstanden und betrieben. So fehlt in seinen Reden das leidenschaftliche Pathos und das Aufwühlen der Gefühle; sie appellieren stattdessen – wie schon in der Antike bemerkt wurde – an das eigene Nachdenken der Hörer, und sie wollen weniger zu einem bestimmten Handeln bewegen als vielmehr wachrufen, mahnen, warnen und beraten. Seine programmatische Rede «Gegen die Sophisten» beginnt mit dem drohend ausgestoßenen Satz: «Wenn alle, die mit Unterricht zu tun haben, Wahres sagen wollten und keine größeren Versprechungen machten als sie schließlich erfüllen können, dann hätten sie bei den Nicht-Fachleuten keinen so schlechten Ruf.»

Isokrates' Blick richtet sich auf die Fähigkeit des Menschen, seine eigene Lebensweise zu wählen, selber Traditionen zu begründen und zu schaffen, sein eigenes Leben in die Hand zu nehmen, vor allem aber das gesellschaftliche Zusammenleben frei und vernünftig zu gestalten. Aus der sophistischen Erkenntnis, dass es über jeden Sachverhalt grundsätzlich so viele Meinungen (*doxai*) geben kann, wie es denkende und urteilende Menschen gibt, und aus der rhetorischen Prämisse, dass es über alles wenigstens zwei entgegengesetzte Theorien gibt, folgert Isokrates nicht einen prinzipiellen Agnostizismus, sondern er unterstreicht umgekehrt die Notwendigkeit, sich im argumentativen Dialog mit den anderen darum zu bemühen, die jeweils wahrer erscheinende, also die «wahr-scheinlichere» und damit überzeugendere Meinung und das jeweils Vorzuziehende gegenüber dem Minderwertigen oder Verwerflichen zur Geltung zu bringen.

Isokrates sieht sich auf diese Weise als den wahren Sachwalter von Sophistik und Rhetorik und setzt sich als pädagogische Aufgabe die Verkündigung und Ausbreitung einer Erziehung zum bewussten und verantwortungsvollen Gebrauch der Sprache und einer allseitig ausgewogenen Bildung zum Menschen und Bürger der Polis. Er nennt jene gebildet, welche die täglichen Herausforderungen meistern, in jeder Situation «in die beste Lösung fallen», die Unannehmlichkeiten und Beleidigungen durch andere leicht hinnehmen, mit ihren Mitmenschen angenehmen Umgang pflegen, ihrer Überzeugung treu bleiben, im Erfolg nicht überheblich werden und sich mehr darüber freuen, was sie ihrer eigenen Leistung und nicht nur dem Zufall verdanken (*Panathenaikos* 30–35). Diese «Bildung» nennt Isokrates *philosophia,* und er macht Platon das Recht streitig, den Begriff der Philosophie nur für ein theoretisches Wissen um die Ideen zu beanspruchen, das uns weder beim Bewältigen einer konkreten Lebenssituation hilft noch für unser Reden und Handeln taugt und dessen ganze Fülle uns gar erst nach dem Tode aufgehen wird.

Grundsätzlich zweifelt Isokrates daran, dass sich die Praxis des menschlichen Lebens und Zusammenlebens je mit der wissenschaftlichen Eindeutigkeit eines digitalen Falsch oder Richtig und damit nach Art der Mathematik oder der Geometrie gestalten lässt. Wenn es aber keine strenge Wissenschaft der menschlichen Lebenspraxis gibt, dann hängt alles Gelingen davon ab, dass wir lernen, uns in vernünftigem Überlegen über das jeweils als richtig Erscheinende, also das am meisten «Wahrscheinliche» zu beraten. Mit sich selber zu Rate zu gehen heißt *Denken*, sich mit anderen zu beraten heißt *Gespräch*. Denken und Sprache zeichnen den Menschen aus und ertüchtigen ihn zu jener vernünftigen Wohlberatenheit, die sich aus dem Anhören, Bedenken und Abwägen der eigenen Argumente und jener der Gesprächspartner ergibt. Mit dieser «Kulturpädagogik» hat Isokrates den Grund für jenes humanistische Verständnis des Menschen und seiner Erziehung gelegt, auf welches die Menschheit in ihrer Geschichte immer dann zurückkommt, wenn sie sich jener Ungewissheit und Ratlosigkeit ausgesetzt sieht, die mit der menschlichen Freiheit und mit der Nötigung, Wahlen und Entscheidungen zu treffen und die eigene Geschichte selbst zu gestalten, unvermeidlich verbunden ist. Die Ineinssetzung von Denken und Sprache und die didaktische Regel: «Bemühe dich, von lobwürdigen Dingen zu sprechen, damit du dich gewöhnst, zu denken, wie du sprichst» (*Nikokles* 38), haben unmittelbar die Pädagogik Ciceros und Quintilians und mittelbar jene des Renaissance-Humanismus beeinflusst, für die wirkliche Weisheit immer zugleich Weisheit des Redens und Tuns ist.

Die Einsicht des Isokrates in den sachnotwenigen Zusammenhang von Philosophie und Rhetorik, von Bildung und Beredtheit hat Marcus Tullius Cicero (106–43 v. Chr.) in der Eingangsbemerkung zu seiner Schrift «Über die rhetorische Erfindungskunst» («*De inventione*») auf aphoristische Weise festgehalten: «Weisheit ohne Beredtheit hat den Menschen wenig genützt, Beredtheit ohne Weisheit hat ihnen oft sehr geschadet. Nur wer beide zu verbinden wusste, hat seinem eigenen und dem Wohle anderer wirklich dienen können.» In Marcus Fabius Quintilians (um 35–96) «Ausbildung des Redners» («*Institutio oratoria*»), dem wohl bedeutendsten pädagogischen Werk, das die römische

Kultur hervorgebracht hat, wird die Theorie vom Ineinander-
fallen von gutem Menschen und brillantem Redner breit entfaltet, und sie kulminiert schließlich darin, dass «weise» und «gut»
so viel bedeutet wie «beredt» und umgekehrt.

Die pädagogischen Fragen des Sokrates

Wie Isokrates war auch Sokrates (ca. 470–399 v. Chr.) von den
Sophisten beeinflusst. In seinem Denken, das sich den sophistischen Gefährdungen ausdrücklich entgegenstemmt, kommt
mehr das skeptische Moment der Sophistik zum Ausdruck und
vor allem eine Besonnenheit, die nicht so sehr aus der Kenntnis
anderer hervorgeht als vielmehr aus der Selbsterkenntnis – entsprechend der Weisung, die Sokrates vom delphischen Orakel
erhalten hatte: «Erkenne dich selbst!» Für Sokrates steht nicht
das Wissen des Vielen im Vordergrund, ihm geht es um das Wissen des Wissens und um das Wissen von sich selbst. «Denn
wenn einer das Wissen hat, das sich selbst erkennt, so muss er ja
auch so sein, wie das ist, was er hat» (Platon: *Charmenides,*
169d–e) – nämlich *besonnen.* Dabei ist die Selbsterkenntnis
kein Akt einsamer und isolierter Reflexion; sie vollzieht sich nur
im Gespräch mit anderen Menschen und im fortwährenden
Wechselspiel von Frage und Antwort.

Das sokratische Gespräch entsteht immer aus einer Frage. Es
will nicht belehren, und es geht auch nicht einfach um den Aus-
tausch von Mitteilungen. Es ist als Gespräch wesentlich selbst
Frage. Sokrates ist sich seiner als Nichtwissender bewusst, und
genau darin gründet seine menschliche Überlegenheit.

Im Hinblick auf das Gute und gleichzeitig im Hinblick auf die
Erziehung des Menschen hat Sokrates das Problem aufgewor-
fen, dass es hier offenbar ein letztes und letztbegründetes Wissen gar nicht gibt, wir uns allenfalls um ein solches Wissen bemühen können und somit niemals *sophoi,* also Wissende, sondern immer nur *philosophoi,* also dieses Wissen Suchende, sein
können: «Dass ja eben dies das größte Gut für den Menschen
ist, täglich über die *areté* Gespräche zu führen und über die
anderen Dinge, über die ihr mich Gespräche führen und mich

selbst und die anderen prüfen hört; die ungeprüfte Lebensweise aber ist für den Menschen nicht lebenswert» (*Apologie* 38a). Damit erklärt Sokrates ein unreflektiertes Leben schlichtweg als Unbildung und die fraglose Hinnahme des Alltäglichen und Gewöhnlichen als eines gebildeten Menschen für unwürdig. Den Gedanken des Sokrates zuspitzend könnte man sagen: Auch dort, wo sich der Mensch durch die Lust bestimmen lassen will, darf er sich bei seiner Entscheidung nicht allein durch die Lust bestimmen lassen.

Die sokratische Erziehung will zum ersten Male in der abendländischen Geistesgeschichte den Menschen für sich selbst freisetzen und ihn zu einer eigenverantwortlichen Gestaltung seines Lebens «provozieren». Dazu bedient sie sich methodischer Schritte, die seitdem aus der abendländischen Pädagogik nicht mehr wegzudenken sind. Die Erziehung beginnt mit der *Ironie*, die den Menschen zum Wissen des Nichtwissens, also in die *Aporie* und in die Fragwürdigkeit führt; nur die Ironie schafft jene aporetische Gesprächssituation, in der sich ein forschender und bildender Dialog entfalten kann. Den zweiten Schritt leistet die *Dialektik* als das auf Wahr und Falsch gezielte Streitgespräch, welches die Partner in die Situation des prüfenden Entscheidens drängt. Den dritten Schritt stellt die *Mäeutik* (Hebammenkunst) dar, die, statt Wissen mitzuteilen und Werte zu «vermitteln», durch kunstvolles Fragen im Lernenden selbst das produktive Denken und das schöpferische (Er-)Finden «entbindet». Damit artikuliert Sokrates sein später immer wieder erneuertes Verständnis der Philosophie als eines offenen Frageprozesses und nicht als einer geschlossenen Lehre; mit anderen und einer Unterscheidung Kants folgenden Worten: ein Verständnis von Philosophie und Pädagogik nicht ihrem Schulbegriffe, sondern ihrem Weltbegriffe nach. Das heißt: zum Philosophen und Pädagogen wird man nicht durch das Auswendiglernen philosophischer oder pädagogischer Denksysteme und Lehrmeinungen, sondern durch das existentielle Eindringen in systematisches Fragen und Nachdenken.

Platons Staat der Erziehung

Platons *«Politeia»* stellt nach dem trefflichen Urteil Rousseaus kein politisches Buch dar, sondern ist die schönste Abhandlung von der Erziehung, die jemals geschrieben wurde. Es dürfte wohl auch das pädagogische Buch sein, zu dem es die meisten Kommentare gibt und das bis heute als einer der unverrückbaren Grundsteine der abendländischen Philosophie und Pädagogik gelten kann. Die *«Politeia»* als der Entwurf eines »guten», d. h. geglückten Staates beruht, wie es für die antike Staatstheorie üblich war, auf einer Erörterung der Gerechtigkeit, die jedoch nicht als ein Strukturmoment gesellschaftlicher Organisationen genommen, sondern als eine *persönliche Tugend* begriffen wird. Es ist für Platon und für die gesamte antike Ethik die Grundhaltung und Grundrichtung eines individuellen Menschenlebens, welche als gerecht oder ungerecht, als geglückt oder als misslungen bezeichnet werden kann, und erst in zweiter und abgeleiteter Hinsicht lassen sich Verhältnisse, die von gerechten oder ungerechten Menschen geschaffen wurden, auf ihre Gerechtigkeit hin prüfen und beurteilen. Platon will in seiner *«Politeia»* das Musterbild eines Staates zeichnen, in dem die innere und die äußere Ordnung vom gleichen *logos* durchwirkt und in harmonischen Einklang miteinander gebracht werden. Dieser utopische Entwurf versteht den Staat nicht im neuzeitlichen Sinne als ein gesellschaftliches Herrschaftsgebilde oder als eine komplizierte Machtapparatur. Platon zeichnet ihn im Gegenteil als eine umfassende und aus der Natur des Menschen hervorgegangene Lebensgemeinschaft. Als solche kann sein Wesensziel kein anderes sein als das des einzelnen Menschen, und weil es dem Individuum natürlicherweise mehr um Frieden, Glück und Wohlergehen geht und nicht um Krieg, Unglück und einen frühen Opfertod, nimmt dieser Staat pazifistische und eudämonistische (d. h. das Glück des Einzelnen und der Gemeinschaft erstrebende) Züge an. Politik im Verständnis der *«Politeia»* ist daher nicht eine Technik der Konfliktregulierung, sondern die Kunst, die Menschen bessere Bürger werden zu lassen. Platon unterscheidet die Makroperspektive auf den

Staat und die Mikroperspektive auf den Menschen (*Politeia* 368d–369b) also nicht allein aus methodischen Gründen, sondern er tut das, weil er den Menschen als Staat im Kleinen und den Staat als Menschen im Großen darstellen und die politisch-pädagogische Doppelaufgabe einer Verstaatlichung der Erziehung und einer Vermenschlichung des Staates – wie Rousseau es später völlig richtig gesehen hat – in eins fasst. Platon erkennt, dass Politik und Pädagogik prinzipiell aufeinander angewiesen sind. Die Politik beschränkt sich nicht auf eine äußerliche Handlungskoordination; sie wird auch zur «Seelenbildnerin». Die Seele wiederum ist nicht nur ein Ort isolierter Selbstgenügsamkeit des einzelnen, sie wirkt auch als «Polisbildnerin» – wie Wolfgang Kersting trefflich formuliert hat (*Platons «Staat»*, 1999). Einzelmensch und Staat stellen in sich differenzierte Einheiten dar, und ihre Binnenstruktur verlangt nach der rechten «Verfassung». Eine «gesunde» Staatsordnung muss der «Gesundheit» der menschlichen Seele korrespondieren und umgekehrt.

Ebenso wie die menschliche Seele ist der Staat innerlich dreigegliedert: Drei unterschiedliche Stände erfüllen drei unterschiedliche Aufgaben. Die Bauern und Handwerker als Nährstand sorgen für das Leben der Staatsbürger, die Wächter und Krieger als Wehrstand für ihren Schutz und die Philosophen als der Stand der Herrschenden für die Führung und Lenkung des Staates. Die Zugehörigkeit zu den einzelnen Ständen wird von Platon in Ermangelung eines wissenschaftlichen Beweises mit einem alten phönizischen Mythos «erklärt»: Dem Blut der einzelnen Menschen ist entweder Bronze, Silber oder Gold beigefügt, und die jeweilige Mischung bestimmt sie zu einem der drei Stände. Die Erziehung hat die Menschen für die ihnen zukommenden Aufgaben zu ertüchtigen und auf sie vorzubereiten. Platon ist daher wiederholt als ein reaktionärer Denker kritisiert worden, und Karl Popper hat ihn sogar zu den Feinden einer offenen Gesellschaft gezählt. Dieser Vorwurf ist – wenn überhaupt – nur bedingt richtig, denn es geht Platon nicht um eine Klassenerziehung im Sinne gesellschaftlicher Reproduktion; die Erziehung soll ausdrücklich auch dafür sorgen, dass die Goldblutkinder tatsächlich zu Herrschenden werden, wer immer auch ihre Eltern sein mögen. Der platonische Grundgedanke ist dabei folgender: Gesund und gerecht ist der Staat dann, wenn die einzelnen Aufgaben komplementär und professionell verteilt und erfüllt werden, denn das Glück aller hängt genauso wie bei der Struktur der Einzelseele von dem harmonischen Zusammenwirken der Teile bzw. Teilfunktionen ab. Die Vorstellung von der absoluten Gleichheit und Freiheit aller Menschen wäre dabei für Platon ein eher trügerisches Irrlicht. Die Prinzipien, nach denen das platonische Sozialwesen «expertokratisch» (Herrschaft der Kundigen und Wissenden) organisiert ist, sind, wie Wolfgang Kersting gezeigt hat, das der natürlichen Begabungsungleichheit, das der standesmäßigen Kompetenz und das der «Idiopragie», d. h. der Aufgabeneinheit und -reinheit: Jeder tue das, wozu er begabt und tüchtig ist, und greife nicht in die Zuständigkeit anderer ein.

Die Einzelseele zeigt eine ganz ähnliche Dreigliederung. Ihren größten und unersättlichen Teil macht das appetitive Begehren aus, also das vitale Bedürfnis nach Nahrung und Sexualität. Ihm tritt die feurig kühne Beherztheit als wagemutig-aggressives Moment zur Seite. Zu dem irrationalen Begehren und zu der nur zum Teil rationalen Beherztheit kommt als kontrollierendes und regulierendes Moment die Vernunft hinzu. Nur wenn diese drei «Seelenteile» harmonisch zusammenwirken und jeder das Seinige tut, ohne sich in die Geschäfte des anderen einzumischen, wobei freilich der besonnenen Vernunft eine lenkende, d. h. abwägend-prüfende und maßgebend-wegweisende Rolle zukommt, gelangt der Mensch zu seiner seelischen «Gesundheit» und Ausgewogenheit. Platon bezeichnet es als eine Art von Schattenbild der Gerechtigkeit, dass der von Natur «Schusterhafte» nur Schuhe zu machen und nicht anderes zu verrichten, und der «Zimmermännische» nur zu zimmern habe und die anderen ebenso. Und das Ideal der Gerechtigkeit erblickt Platon darin, dass weder irgendjemand etwas «ihm nicht Fremdes [andere] verrichten lässt, noch dass von den Vermögen der Seele sich eines in des anderen Aufgaben mische. Vielmehr hat er sein Haus in Wahrheit wohlbestellt, hat die Herrschaft über sich selbst gewonnen, hat sich in Ordnung geschaffen, sich mit sich selbst innig befreundet und jene drei Seelenvermögen in Einklang gebracht». (*Politeia* 443c–444e)

Der Erziehung des Nährstandes wird in der «*Politeia*» kaum Aufmerksamkeit geschenkt; die Bücher II bis IV behandeln die Erziehung der Wächter. Buch VI und VII erörtern breit die Erziehung der zum Herrschen berufenen Philosophen. Die Erziehung der Philosophen erreicht ihren Gipfelpunkt im so genannten Höhlengleichnis (*Politeia* 514a–519d), dem erläuternd das Liniengleichnis (*Politeia* 509c–511e) vorangeht. In diesem verdichtet sich die grundlegende platonische Unterscheidung zwischen einer scheinhaften Welt des Sichtbaren und sinnlich Wahrnehmbaren und einer seienden ideellen Welt des nur Denkbaren. Die Verstandes- und Vernunfttätigkeit des Menschen richtet sich auf das Sein der denkbaren Welt und gelangt angesichts von deren Beständigkeit zu sicherer Wahrheitserkenntnis (*epistéme*). In der von Wandel und Werden bestimmten Welt des Sichtbaren kann es diese nicht geben; dort gelangt der Mensch über Meinungen (*doxai*) nicht hinaus.

Das Höhlengleichnis folgt dieser aufsteigenden Linie und imaginiert den Bildungsgang der Philosophen als Aufstieg aus der dumpfen Gefesseltheit an die sichtbaren Schattenbilder der empirischen Welt zum Ansichtigwerden der schattenwerfenden Gegenstände selbst, sodann zur lichtvollen Anschauung der Ideen und am Ende zur Erkenntnis der alles sonnenartig erhellenden Idee des Guten. Aus dem im Höhlengleichnis gezeichneten Königsweg der Bildung ergeben sich neue und überraschende Konsequenzen. Die platonische Pädagogik erschöpft sich weder in der Übermittlung von Kenntnissen durch Lehre und Unterricht noch in der Einübung von Fertigkeiten durch Gewöhnung und Sozialisation, aber ebenso wenig in der Ausfaltung von Fähigkeiten durch Entwicklung und Entwicklungshilfe. Sie zielt auf eine Umkehrung und Umwendung des ganzen Menschen von der scheinhaften Welt der veränderlichen Einzeldinge und der dort herrschenden Meinungen zu der seinshaften und verläßlichen Welt der Ideen und der dort möglichen Wahrheitserkenntnis. Diese Wahrheitserkenntnis wird nicht von außen vermittelt, sondern ist im letzten Wiedererinnerung und Tätigkeit der eigenen Vernunft. Die alles überhöhende Einsicht in die Idee des Guten fügt dabei dem auf dem vorangegangenen Bildungsaufstieg angeeigneten «Was-Wissen» nicht ein weiteres ebensolches hinzu, sondern sie erschließt ein «Wie-Wissen»; d. h. ein Wissen darüber, wie die Dinge recht zu gebrauchen sind und wie mit ihnen richtig umzugehen ist. Die Erkenntnis des Guten befähigt und berechtigt zur Führung und Lenkung sowohl des eigenen Lebens als auch des gesellschaftlich-politischen Zusammenlebens.

Erziehung und Pädagogik als Praxis bei Aristoteles

Die pädagogische Bedeutung des Aristoteles (384–322 v. Chr.) wird, verglichen mit Isokrates oder Platon, häufig unterschätzt. Dabei vereinigte Aristoteles in seiner Person wissenschaftliche Forschung, philosophische Reflexion und erzieherische Tätigkeit (als Erzieher Alexanders des Großen). Im Hinblick auf die geschichtliche Ausprägung und Ausgestaltung der pädagogischen Idee sind zumindest drei Aspekte seines Denkens zu vergegenwärtigen: (1) die eindeutige Zuordnung der Erziehung zu der menschlichen Lebenspraxis und der Pädagogik zu den praktischen Wissenschaften; (2) die Artikulation des erzieherischen Ternars von *physis*, *ethos* und *logos*, also von Natur, Gewöhnung und Lehre. Der Gedanke dieser Dreifachheit – von Otto Willmann als pädagogisches Ternar bezeichnet – ist vor allem durch die popularisierende Schrift «Über Kindererziehung» von einem Pseudo-Plutarch aus dem zweiten nachchristlichen Jahrhundert auf dem Wege über die Humanisten und über Rousseau bis in die Neuzeit ungebrochen weitertradiert worden. Schließlich (3) die Durchsetzung des Gedankens der Teleologie und die Formulierung des Begriffs der Entelechie.

(1) Aristoteles unterscheidet in seiner Wissenschaftslehre theoretische und praktische Wissenschaften (*Metaphysik* 1025b–1026a). Dabei hat er das Leben in der Öffentlichkeit (*polis*) und im Hause (*oikos*), also Politik und Ökonomie, sowie die Moral

(Ethik) und die Erziehung (Pädagogik) überhaupt erst zu wissenschaftlichen Themen im engeren Sinne gemacht hat. Die theoretischen Wissenschaften zielen auf sicheres Wissen und haben ihren
Gegenstand in allem, was notwendig so ist, wie es ist. Die praktischen Wissenschaften richten sich auf ein Tätigsein. Sie werden
unterteilt in die *praktischen* Wissenschaften im engeren Sinne, die
es mit dem Handeln des Menschen bzw. mit der Hervorbringung
einer inneren Veränderung zu tun haben, und die *poietischen*
Wissenschaften, die sich mit dem handwerklich-produktiven
Machen und Herstellen bzw. mit der Hervorbringung von äußeren Gegenständen und Werken beschäftigen. Neben dem Begriff
der *theoria*, der das betrachtende Schauen dessen bezeichnet, was
mit Notwendigkeit ist, was es ist, unterscheidet Aristoteles die
Begriffe *praxis* und *poiesis* und trifft damit eine für das Selbst-
verständnis der Pädagogik grundsätzliche Differenzierung. Die
Frage, ob sich Erziehung stets als Praxis versteht und nicht in ein
poietisches Herstellen und Verfertigen von Zöglingen abdriftet,
wird sich in der Geschichte der Pädagogik immer wieder in
der Konfrontation mit der Idee der Pädagogik stellen (siehe dazu
Winfried Böhm: *Theorie und Praxis*, 1995).

Nach Aristoteles hat die Pädagogik, ebenso wie die Politik
(mit der sie im gleichen Maße zusammengehört, wie, analog zu
Platon, individuelles und Gemeinschaftsleben ethisch zusam-
mengehören) ihren wissenschaftstheoretischen Ort unter den
praktischen Wissenschaften im engeren Sinne. Sie hat zu ihrem
Gegenstand das *Handeln* des Menschen, dessen Wirkursache
bzw. dessen bewegendes Prinzip – im Gegensatz zu den Natur-
vorgängen – im Menschen selbst liegt, auf einer Wahl und Entscheidung beruht und deshalb von ihm verantwortet werden
muss. Dieses Handeln aus Freiheit und Vernunft ist dem poietischen Herstellen gegenüber, welches sein «Worumwillen» allein
aus dem herzustellenden Produkt erfährt, dadurch ausgezeichnet, dass es sich in seiner Tätigkeit selbst erfüllt, so dass auch
seine Evaluation nicht von seinem tatsächlichen Ergebnis oder
von einem sichtbaren äußeren Gegenstand, sondern von der
dieses Handeln tragenden Intention und Idee auszugehen hat
(*Nikomachische Ethik* 1140a).

Auf dem Gebiet des menschlichen Handelns kann es einen wissenschaftlichen Exaktheitsanspruch nicht geben. Bei allem, was nicht durch Notwendigkeit bestimmt, sondern der Freiheit des Menschen anheimgegeben und von den kairotischen (von griech.: *kairos* = der glückliche Augenblick) Bedingungen der Situation abhängig ist, also bei allem, was *nicht notwendig*, sondern *nur möglich* ist, gibt es bloß ein besonnenes «Mit-sich-zu-Rate-Gehen» und die klug abwägende Reflexion (*Nikomachische Ethik* 1139a). Giambattista Vico wird später diesen Gedanken wieder aufnehmen und ihn gegen die moderne Verwissenschaftlichung der Pädagogik im Sinne des mathematischen Modells von Descartes geltend machen.

(2) Auf die Frage, wie ein Mensch tugendhaft wird, gibt Aristoteles in der «Politik» eine dreifache Antwort: durch Natur (*physis*), Gewöhnung (*ethos*) und Vernunft (*logos*). Grundlage bildet das Natürliche; man muss als Mensch mit bestimmten körperlichen und seelischen Fähigkeiten geboren sein. Tiere leben größtenteils nur unter Führung der Natur; beim Menschen kann und muss die Naturanlage durch Gewöhnung und Unterweisung verändert werden, so dass der Mensch aufgrund vernünftiger Überlegung und Entscheidung auch gegen seine Gewohnheiten und gegen seine natürlichen Anlagen handeln kann – ein Gedanke, den später Cicero in seiner Schrift «Über die Pflichten» (*«De officiis»*) ausgebreitet und erläutert hat.

Wir werden erzogen durch Gewöhnung und durch vernünftige Einsicht. Dabei entfalten sich unsere natürlichen Anlagen durch aktives Tun, genauer: durch schöpferische Nachahmung, tätige Erfahrung und erinnerndes Wiederholen. Die Einsicht erfolgt vor allem durch die Wissenschaft, d. h. für Aristoteles durch das Erkennen und «Lernen» von Ursachen; das kann epagogisch, also auf induktivem Wege und durch Beispiele von der einzelnen Erfahrung zum allgemeinen Wissen fortschreitend, oder demonstrativ, also auf deduktivem Wege von allgemeinen Gesetzen herleitend und zu konkreten Einzelfällen kommend, erfolgen.

(3) Den Ausgangspunkt der Erkenntnis nimmt Aristoteles nicht bei ewig unveränderlichen Gesetzen des Kosmos, auch

nicht bei der Welt der platonischen Ideen, sondern bei den in
der Welt begegnenden Einzeldingen und Einzelwesen sowie
ihrem Sein und Werden in der Ordnung des gesamten Natur-
geschehens. Das lässt ihn jedem Seienden seinen bestimmten
Sinn, sein ihm eigentümliches *telos* (Werdeziel) zuerkennen.
Dieses wohnt jedem Einzelnen inne, und ihm strebt es nach,
um seinen Seins- und Lebenszweck und damit seine vollendete
Form zu erreichen.

In allen Werken der Natur herrscht Zweckbestimmung
(*Teleologie*) und nicht blinder Zufall, und in übertragenem
Sinne «entwickeln» sich alle Dinge und Wesen ihrer inneren
Natur gemäß: Ein Lebendiges «ist», indem es «wird», was es
sein kann und soll, sofern sein Zweck nicht von außen an es
herangetragen wird, sondern ihm als *Entelechie* (sein Ziel in
sich tragend) immer schon eigen ist. Diese Entelechie setzt den
Übergang vom Möglichen zum Wirklichen, von der Potenz zum
Akt in Bewegung und führt ihn seinem Ende zu. Das menschliche Denken und Gestalten hat diesem natürlichen Werdegesetz
nach- und nicht vorauszugehen. Was sein *telos* in sich selbst
trägt, entsteht «aus der Natur»; was das Prinzip seines Entste-
hens und Werdens außer sich hat, ist ein künstliches Produkt
(*Metaphysik* 1015a). Von unserem Ausgangsgedanken der *areté*
her gesehen, trägt der Mensch seine Bestimmung, sich selbst zu
bestimmen und zu vervollkommnen, in sich selbst. Jede äußere
Einwirkung könnte nur als verfremdende Dressur und als diszi-
plinierende Abrichtung verstanden werden, sofern sie mit diesem inneren Ziel nicht übereinstimmt.

Erziehung im Denken der Stoa

Als Zenon, einer der Begründer der Stoa (von *stoá poikíle*, der
Athener Säulenmarkthalle, in der Zenon zu lehren pflegte), um
300 v. Chr. nach Athen kommt, hat die Stadt ihre politische Bedeutung bereits eingebüßt, und an die Stelle eines urbanen oder
nationalen Polisdenkens ist mit der politischen Ausdehnung des
Alexanderreiches die Idee eines internationalen Griechentums
getreten, für die sich später die Bezeichnung Hellenismus ein-

gebürgert hat. Hatte am Beginn des antiken Denkens das Interesse der Naturphilosophen (der sog. Vorsokratiker) der Suche nach dem konstitutiven Prinzip und nach dem Urstoff der Außenwelt gegolten und hatte Sokrates mit seiner «anthropologischen Wende» den Menschen in den Mittelpunkt des philosophischen Nachdenkens gerückt, so antworten die stoischen Philosophen auf das Bedürfnis nach einer verlässlichen Lebensorientierung nach dem Zerfall der Polis und nach der damit einhergehenden Trennung von öffentlicher und privater Lebenssphäre. Die Philosophie mutiert unter diesen kulturellen Umständen folgerichtig zur Weltanschauung und zur praktischen Lebensweisheit, die dem einzelnen, unbeschadet aller politischen und sozialen Unsicherheiten, Seelenfrieden und Glück sichern will. Die eminent pädagogischen Fragen nach dem individuellen Lebensziel und nach dessen rechter Verwirklichung treten mächtig in den Vordergrund. Das gilt besonders für die Stoa der römischen Kaiserzeit (1. Jh. v. Chr. bis 2. Jh. n. Chr.) und ihre herausragenden Vertreter Seneca (4 v. Chr.–65 n. Chr.), Epiktet (60–140 n. Chr.) und Marc Aurel (121–180 n. Chr.); das gilt aber auch für das Nachleben der Stoa in der abendländischen Pädagogik vom frühen Christentum über Scholastik und Renaissance bis in die Neuzeit, vor allem bei Rousseau und seinen Nachfolgern.

Entsprechend der inneren Entwicklung der Stoa wird das Philosophieren immer mehr zu einer existentiellen Entscheidung und die Einheit von Denken und Leben, Gesinnung und Handeln, Theorie und Praxis zu einem ethisch-pädagogischen Problem erster Ordnung. Bei Seneca heißt es dazu in seiner Schrift «Über das glückliche Leben» (*«De vita beata»*): «Frei halte sich der Mann von allen Äußerlichkeiten, und er lasse sich nicht in ihren Bann ziehen; nur sich selbst vertraue er, sei auf alles gefasst, und er bewähre sich als kunstreicher Bildner seines Lebens! Sein Selbstvertrauen ermangle nicht der Einsicht, seine Einsicht nicht der Festigkeit! Was er einmal für gut erkannt, daran halte er fest, und er bleibe bei seinen Entschlüssen!»

Die Telos-Lehre des Aristoteles wird von den Stoikern weiter zugespitzt und das Endziel allen menschlichen Strebens in

einem mit sich selbst und mit der Natur übereinstimmenden
Leben gesehen. Natur wird dabei in einem dem Vorsokratiker
Heraklit verwandten Sinne so verstanden, dass in Allem – in der
Einzelseele ebenso wie im gesamten Kosmos – ein einziges und
einheitliches Weltprinzip (der Logos) herrscht. *Areté* wird dabei
erneut umgedeutet und zur konkret gelebten Übereinstimmung
von Natur und Mensch, Kosmos und Einzelseele erklärt. Chry-
sipp (281–208 v. Chr.) formuliert dieses Programm so: «Ein
tugendhaftes Leben ist gleichbedeutend mit einem Leben auf
Grund der Erfahrung von dem, was natürlicherweise geschieht.
Denn unsere eigene Natur ist ein Teil der Gesamtnatur. Darum
ist das höchste Gut ein naturgemäßes Leben, d. h. ein Leben,
gemäß unserer eigenen und der Gesamtnatur, so dass wir nichts
tun, was das allgemeine Gesetz zu verbieten pflegt, nämlich die
richtige, alles durchdringende Vernunft.»

Das pädagogische Denken der Stoa setzt bei der *diastrophé*
an, d. h. bei der «Verkehrtheit» des Menschen infolge seiner
Abkehr von Logos und Vernunft, also bei der «Verfehlung» des
Einheitsgrundes von Welt und Mensch und der «Entfremdung»
von der alles umgreifenden Natur. Für die stoische Anthropologie ist der Mensch prinzipiell gut; seine Verkehrung und Verderbnis rührt von der individuellen Lust und aus der Gesellschaft
her. Äußere Merkmale für diese Verkehrung sind Zeitvergeu-
dung, allgemeine Ziellosigkeit, Selbstflucht, Preisgabe des selbständigen Denkens und Entscheidens etc. Erziehung bedeutet
eine Umkehr des Menschen. Dafür halten die Stoiker ein doppel-
tes Erziehungsprogramm bereit. Zuerst muss der Mensch *Apa-
thie* lernen, d. h. sich von seinen Leidenschaften (*pathé*) frei-
machen und zur *Ataraxie*, d. h. zur Unerschütterlichkeit gegenüber verführenden und verderblichen Einflüssen und zu einem
Gleichmut der Seele gegenüber der Macht der Affekte, gelangen.
Dahin können ihn fortgesetzte Warnungen vor den vulgären Irr-
tümern der Menge und die beharrliche Ermahnung zu ruhiger
Besonnenheit leiten. Epiktets «Handbüchlein der Moral» und
Senecas «Moralische Briefe an Lucilius» sind herausragende und
geschichtlich außerordentlich einflussreiche Beispiele einer solchen «Ermahnungs- und Erweckungspädagogik».

In der späteren Stoa, besonders in der römischen, tritt der *Wille*, den das antike Denken (bis dahin) als selbständiges Seelenvermögen nicht gekannt hatte, als Gegenkraft gegen die Leidenschaften hervor und nimmt mitunter sogar die ursprüngliche Vorrangstelle des Wissens ein. Im Zuge dieser Gewichtsverlagerung verwandelt sich die alte Gegenüberstellung von Weisem und Nichtwissendem in den Gegensatz von gutem und bösem Willen. Für Seneca erscheint es dann im Hinblick auf ein gelungenes Leben weniger wichtig, ob dem Menschen das Wissen abgeht, sofern ihm nur das rechte Wollen eigen ist. In seinem Buch «*De officiis*», wo erstmals ein differenzierter philosophischer Begriff der menschlichen Person entfaltet wird, unterscheidet der Stoiker Cicero vier verschiedene «Rollen»: Eine erste *allgemeine*, in der alle Menschen durch ihre Vernunft übereinkommen; eine zweite *individuelle*, die uns die Natur zugewiesen hat; eine dritte, die uns durch die *äußeren Umstände* und Gegebenheiten zufällt, und als vierte und im eigentlichen Sinne *personale* jene, die wir durch unsere eigenen Wahlen und Entscheidungen selbst hervorbringen und gestalten.

Damit verlagert sich am Ende der griechisch-römischen Antike der Schwerpunkt der *paideia* vom Wissen auf das Wollen und auf jene existentielle Authentizität, bei der es auf Vorsatz, Haltung und Gesinnung ankommt.

2. Judentum und Christentum

Wenn wir gewöhnlich davon sprechen, dass unsere abendländische Bildung auf zwei Säulen ruht – der griechisch-römischen Antike und dem Christentum –, zu denen dann gewöhnlich noch die Aufklärung gezählt wird, dann lässt diese Rede leicht verkennen, dass das Christentum so vollständig neu und so originell nicht war, wie es aus dieser Perspektive erscheinen könnte. Nicht nur hat sich das christliche Denken einschließlich seiner Theologie nur in enger Anbindung an die spätantike Philo-

sophie entwickeln und artikulieren können, sondern seine Wurzeln reichen so tief in das Judentum hinein, dass es gerade im
Hinblick auf seinen Beitrag zur Anreicherung und Ausdifferenzierung der pädagogischen Idee als eine Fortsetzung und Vertie-
fung der alttestamentlichen Anthropologie und Bildungslehre
angesehen werden kann.

Während die Religionen des Altertums eine Vielheit von Göttern kennen und verehren, hat das Judentum im Laufe seiner
Geschichte eine monotheistische (von griech.: *monos* = einer
und *theos* = Gott) Theologie hervorgebracht. Die Juden sehen
und verehren in diesem einen Gott den Schöpfer der Welt, der
diese in seiner unermesslichen *Weisheit* zuerst gedacht und sodann in seiner unbegrenzten *Freiheit* aus dem Nichts hervorgebracht hat. Zu dieser göttlichen Vernunft und Weisheit gesellt
sich als dritte Eigenschaft des personalen Gottes die *Sprache*,
mit der er sich seinem auserwählten Volke kundtut. Der Gott
der Juden spricht bisweilen direkt zu seinem Volk, und er tut es
indirekt durch den Mund seiner Propheten. Aus dem Munde
der Propheten «soll man das Gesetz erfragen, denn er ist ein
Bote Jahwes, des Weltenherrschers» (Mal 2,7).

Der Mensch ist aus allen anderen Geschöpfen dadurch he-
rausgehoben, dass er in seiner Doppelgestalt als Mann und Frau
nach dem Ebenbild und zum Gleichnis des personalen Schöpfergottes erschaffen und damit wie jener mit Vernunft, Freiheit
und Sprache ausgestattet wurde.

Die Erziehung erscheint in diesem hebräischen Horizont, in
dem die Trennung von Leib und Seele unbekannt bleibt und der
Mensch in seiner Ganzheit als «lebende Seele» (hebr.: *nephesch
chajjah;* Gen 2, 7) betrachtet wird, in einem besonderen Licht.
Sie ist nicht nur als Belehrung und Begeistigung zu denken, sondern als Umkehrung des Menschen, der «in Missetat geboren
und in Sünde empfangen» (Psalm 51,7) nicht bleiben kann, wie
er von Natur her ist; das Wort Gottes soll vom Menschen nicht
nur gehört und verstanden werden, sondern sein ganzes Leben
und Tun durchdringen und mitgestalten. Auf diese Weise wird
nicht der Mensch als Bürger der Polis zum Gegenstand der Erziehung, sondern der einzelne Mensche als Kind Gottes, der die-

sen Menschen schon «kannte, als er gemacht ward im Verbor-
genen, und seine Tage bestimmte, da noch keiner von ihnen da
war» (Psalm 139,15; Jer 1,5). Das Judentum kennt weder Ka-
sten noch andere von Gott gewollte soziale Unterschiede: Arm
und Reich, Hoch und Niedrig, Weisheit und Einfalt verschwin-
den im Angesicht einer allen Menschen gleichermaßen zukommenden Gotteskindschaft. Jeder Mensch ist um seiner selbst
willen gewollt und geschaffen. Claude Tresmontant hat das auf
die einfache Formel gebracht, die biblische Metaphysik sei eine
Metaphysik des Namens, genauer des Eigennamens (*Essai sur
la pensée hébraïque*, 1953). Lucien Laberthonnière hat genau in
dieser Metaphysik des Eigennamens den Ursprungsort des modernen Personalismus gesehen (*Esquisse d'une philosophie per-
sonnaliste*, 1942).

Das Judentum, das sich den Gedanken der missionierenden
Eroberung nie zueigen gemacht hat, wurde zur Wiege des
Christentums. An Jesus von Nazareth schieden und scheiden
sich die Geister bis heute. Während er für die Juden – nach
einem berühmten Wort Martin Bubers – der große «Bruder
Jesus» war und bleibt, wurde und ist er für die gläubigen Christen (darüber hinaus) der fleischgewordene Sohn Gottes und
der Erlöser der in die Sünde der Gottesferne gefallenen Menschheit. Zu dem alttestamentlichen Welt- und Menschenverständ-
nis kommen im neutestamentlichen Christentum das christo-
logische und das soteriologische (von Soteriologie = Lehre
von der Erlösung) Moment hinzu. Das Christentum setzt der
Schöpfungstat Gottes die Erlösungstat Christi (von griech.:
christos = der Gesalbte) zur Seite und dehnt das göttliche Heils-
wirken vom auserwählten Volk der Juden auf alle Menschen
ohne Unterschied aus. Dadurch wird der Primat des Einzelnen
gegenüber der Gemeinschaft und die Option für das Besondere
gegenüber dem Allgemeinen verstärkt und zugespitzt: Jeder
Mensch wurde nicht nur um seiner selbst willen von Gott gewollt und geschaffen, sondern auch um seiner selbst willen von
Christus befreit und erlöst, und die göttliche Vorsehung gilt
nicht mehr nur dem auserwählten Volk, sondern einem jeden
Menschen auf seine ganz persönliche Weise. In seiner Ausein-

andersetzung mit dem Pariser Erzbischof Christophe de Beaumont wird Jahrhunderte später Rousseau genau diesen Gedanken zu seinem Hauptargument machen.

Im Hinblick auf das christliche Denken über Erziehung hat
man stets im Auge zu behalten, dass die Botschaft der Bibel
als «Wort Gottes» Gegenstand des Glaubens ist und als solche
nicht mit «Philosophie» im Sinne der Griechen verglichen werden kann. Von daher ist auch zu verstehen, dass für das Christentum über lange Zeiten der demütige Glaube einen höheren
Stellenwert hatte als die eitle Wissenschaft und Philosophie.

Wie sehr für das Christentum der ganze Mensch und nicht
nur ein Teilaspekt von ihm zählt, lässt sich vor allem an der
christlichen Ausdehnung der antiken These von der Unsterblichkeit der Seele zu dem Glaubenssatz von der Auferstehung
des Fleisches nachvollziehen: Die Auferstehung der Toten am
Ende der Zeiten schließt ausdrücklich jene des Leibes mit ein.
Diese endzeitliche Ausrichtung des Menschen verändert auch
den Sinn des Menschenlebens. Dieser kann sich nicht mehr in
der irdischen Zeit erschöpfen, sondern er erhält eine völlig
neue, nämlich eine transzendente, d. h. Zeit und Wirklichkeit
überschreitende Dimension.

Die sich hier manifestierenden Gegensätze zwischen (grie-
chischer) Philosophie und (christlichem) Glauben hat Tertullian
am Ende des 2. Jahrhunderts zusammengetragen und dabei
(das griechische) Athen und (das jüdische) Jerusalem, die
(platonische) Akademie und die (christliche) Kirche einander
schroff gegenübergestellt. Diese Konfrontation führt zu der
Einsicht, dass das Christentum auf der einen Seite in den Augen
der Philosophen Torheit ist, auf der anderen Seite der Glaube
aber gerade dort auf seinen Gipfelpunkt gelangt, wo er das
Unglaubliche deshalb glaubt, weil es der Weltweisheit als un-
glaublich erscheint: «Es ist gewiss, weil es unmöglich ist»
(«*Certum est, quia impossibile est*») und «Ich glaube, weil es
absurd ist» («*Credo quia absurdum*») sind kantige Formeln,
die Tertullian geprägt und dem christlichen Glauben bis auf
den heutigen Tag angeheftet hat. Erasmus von Rotterdam hat
sie auf dem Höhepunkt des Renaissance-Humanismus wie-

der aufgegriffen und in seinem «Lob der Torheit» pädagogisch fruchtbar gemacht.

Hatten Sokrates und Platon die Vervollkommnung des Menschen und seines politischen Zusammenlebens von der Gerechtigkeit abhängig gemacht, so sieht das Christentum als einzigen Weg die uneingeschränkte Gottes- und Nächstenliebe. Wenn dem Menschen dabei als neues Ziel die Vollkommenheit als größtmögliche Ebenbildlichkeit mit dem Schöpfergott vorgestellt wird, so schließt eine solche pädagogische Sicht das passive Nachahmen von Vorbildern ebenso aus wie die bloße Konformität mit Mustern. Die Veränderung des Menschen, seine Verwandlung – die *metanoia* des Apostels Paulus – aus dem alten Menschen des Fleisches in den neuen des Geistes, erfolgt letztlich kraft der Erlösungstat Christi und durch Einwirkung der göttlichen Gnade; sie geschieht gleichwohl nicht ohne die aktive Mitarbeit des Menschen: *gratia supponit naturam* (Die Gnade setzt die Natur voraus).

Im christlichen Horizont verlagert sich der pädagogische Schwerpunkt von der Erkenntnis und vom Wissen noch stärker zum Handeln und zum Glauben hin. Minucius Felix hat im zweiten Jahrhundert in seinem Dialog *«Octavius»* diesen Standpunkt präzise ausgedrückt: «Wir tragen unsere Weisheit nicht im äußeren Gehabe zur Schau, sondern bergen sie im Herzen. Wir reden nicht von großen Dingen, wir leben sie.» (*Octavius* 38, 6) Der Wille gewinnt dabei eine grundlegende, aber oft durchaus mit großem Misstrauen wahrgenommene Bedeutung und wird, noch ausdrücklicher als in der Stoa, zu einer eigenen Instanz im Menschen ausgebaut. Das geschieht einmal von dem neuen Gottesbegriff her: Der Mensch als Ebenbild eines Schöpfergottes ist selber ein schöpferischer Mitgestalter; zum anderen von der christlichen Sündenlehre her, denn Sünde lässt sich nur durch die Willensfreiheit des Menschen verständlich machen. Der Wille Gottes bestimmt das moralische Gesetz, und den Willen Gottes zu wollen, wird zur höchsten Tugend des Menschen. Der gute Wille wird quasi zur Chiffre des sittlich handelnden Menschen.

Augustinus und die «Entdeckung» der Person

Augustinus hat 700 Jahre nach Aristoteles die Frage nach dem Menschen und seiner Lebensgestaltung neu gestellt, nicht in der dritten, sondern in der ersten Person. Er geht dabei aus von seiner eigenen Erfahrung als Mensch und als Christ; sein philosophisches Staunen gilt – im Gegensatz zu den Anfängen der griechischen Philosophie – nicht dem apersonalen Kosmos, sondern dem einzelnen Menschen, präziser ausgedrückt: nicht der natürlichen Welt und dem menschlichen In-der-Welt-Sein, sondern umgekehrt dem schöpferischen Weltsubjekt Mensch und der Welt in ihm. Im zehnten Buch seiner Bekenntnisse findet sich eine berühmte Stelle, die Jahrhunderte später bei Petrarca eine geradezu epochemachende Wirkung entfaltet hat: «Und da machen die Menschen Wege, um die Gipfel der Berge, die gewaltigen Fluten des Meeres, die breitesten Flussläufe, die Ausdehnung des Ozeans und die Sternenkreise zu bewundern, und vernachlässigen sich selbst und wundern sich nicht darüber, dass ich alles das gar nicht mit Augen sehe, worüber ich spreche, und dennoch nicht darüber spräche, wenn ich nicht Berge, Fluten, Flüsse, Sterne, die ich gesehen, und den Ozean, von dessen Dasein ich überzeugt bin, drinnen in meinem Gedächtnis in ihren ganzen Ausdehnungen sähe, als ob ich sie vor meinen Augen hätte.» (*Confessiones* X, 8, 15)

Die im Menschen anzutreffende Verknüpfung von Gedächtnis, Vernunft und Freiheit und die eigen- und einzigartige Verknotung von Sein, Wissen und Wollen (*esse, nosse, velle*) begreift Augustinus als *Person*. Diese lebt nicht in der kosmologischen Welt (als dem Aggregat der seienden Dinge), sondern ist selbst *Prinzip und Subjekt ihrer eigenen Welt*.

Augustins pädagogisches Denken gewinnt seine eigentümliche Kraft aus einem neuen, der griechischen Antike entgegengesetzten Verständnis von Zeit. Dabei richtet Augustinus seine Frage nicht nur auf das Phänomen Zeit, sondern er spitzt sie zu auf das Sein von Zeit: Was *ist* eigentlich Zeit? Die Antwort ist verblüffend: Das Sein der Vergangenheit ist ein Nicht-mehr, das der Zukunft ein Noch-nicht; beider Sein ist also ein Nicht-Sein.

Auch das Sein der Gegenwart schrumpft angesichts des rasen-
den Vorüberstürzens der Zukunft in die Vergangenheit auf
einen verschwindend kleinen Zeitpartikel, einen bloßen Augenblick zusammen. Vergangenheit und Zukunft, mithin meine
ganze Zeit, sind nur *in mir*: die eine als Erinnerung, die andere
als Erwartung, der Augenblick als angeschaute Gegenwart.
Augustinus lenkt also den Blick von der äußeren Weltzeit in die
Innerlichkeit des Menschen und bindet die ontische Trias (Sein,
Wissen, Wollen) und die zeitliche Trias (Vergangenheit, Gegenwart, Zukunft) in den einen Akt des Seienden, das sich in der
Zeit vollbringt, zusammen. Damit aber ist die naive Rede vom
Menschen in der Welt hinfällig, und sie muss ergänzt oder gar
ersetzt werden durch die Rede von der Welt im Menschen.
Wenn wir diesen augustinischen Gedanken mit der christlichen
Vorstellung von einem Ende der Zeiten zusammenbringen,
dann ergibt sich ein ganz neues Verständnis von Geschichte. Die
antike Auffassung von der Geschichte als einer ewigen Wiederkehr des Gleichen wird durch den Gedanken der Erlösung und
jenen der Transzendenz zu Fall gebracht: Das individuelle Leben erscheint im Hinblick auf die dereinst verheißene ewige
Glückseligkeit nur wie eine kurze Spanne Weges zwischen Geburt und Tod, aber in diesem kurzen Intervall menschlicher
Existenz geht es um die säkulare Entscheidung, für ewig selig
oder für ewig verdammt zu werden. Aus der Perspektive der
Weltgeschichte, die für Augustinus letztlich als Heilsgeschichte
begriffen wird, erscheint die vergängliche Größe von Staaten
und Reichen relativ gleichgültig gegenüber dem geschichtlichen
Kampf zwischen der auf das Jenseits bezogenen *civitas dei* und
der im Diesseits verhafteten *civitas terrena*, jene eine von der
Gottes- und Nächstenliebe durchdrungene Pilgergemeinschaft,
diese eine durch pure Eigenliebe und blankes Nützlichkeitsden-
ken bestimmte Zusammenrottung. Was das irdische Leben der
Sterblichen angeht – so heißt es im 5. Buch von Augustins politischer Hauptschrift «Der Gottesstaat» («*De civitate dei*») –, ist
es nicht wichtig, unter welcher Herrschaft der einem frühen
Tode geweihte Mensch lebt, sondern ist vielmehr entscheidend,
dass er vor der Wahl steht, sein kurz bemessenes Leben nach der

auf Egoismus, Utilitarismus, Ehrgeiz und Stolz gebauten *civitas terrena* oder nach der auf Selbstlosigkeit, Seinsdemut, Hingabe und Liebe gegründeten *civitas dei* zu gestalten.

Den Mittelpunkt von Augustins Anthropologie und Pädagogik bildet dieser Gedanke der *personalen Selbstwahl*. In seiner kleinen Schrift «Der Lehrer» («*De magistro*») einem nach dem Beispiel Ciceros verfassten Dialog mit seinem Sohn Adeodatus, konkretisiert Augustinus seine pädagogische Idee, die bis heute nichts von ihrer provokativen Kraft verloren hat: Lernen ist nicht passives Empfangen, sondern ein aktives Fürwahrhalten, Fürwerthalten und Fürschönhalten; Lehren ist nicht Vermitteln von Kenntnissen und Inhalten, sondern nur der Anstoß zum Selberglauben und zu selbst gewonnenen Einsichten; viele Dinge, die wir zu wissen meinen, glauben wir nur (wie z. B. die gesamte Geschichte und große Teile der Geographie); durch Worte lernen wir wieder nur Worte, während wir die Sinnendinge durch körperliche Anschauung und die Verstandesdinge durch geistige Anschauung «lernen» und wahres Wissen allein aus der Vernunftanschauung gewinnen; der Lehrer lehrt nur äußerlich und scheinbar, der wirkliche Lehrer – Christus und das von ihm ausströmende Licht – wohnt in uns selbst. Überhaupt ist Erziehung nicht Fremdgestaltung, sondern Selbstgestaltung der Person durch Einsicht, Wahl und Entscheidung. Erziehung kann niemals von außen bewirkt, sondern allenfalls angeregt werden, denn das wirkliche Prinzip von Zeit und Welt und der wirkliche Autor der eigenen Lebens- und Sinngeschichte ist die dreifach (als die Verknotung von *esse, nosse, velle*) verfasste Person.

Thomas von Aquin leugnet in seiner der Erziehung gewidmeten Quaestio (wörtlich: Frage; gemeint im Sinne von Abhandlung) «Über den Lehrer» («*De magistro*») diese Thesen Augustins nicht; wohl aber kritisiert er an ihm den an Sokrates gemahnenden «Autodidaktismus», also die Überbetonung des «Selbstlernens», und seine Illuminationslehre, also die Erklärung der Erkenntnis als innere Erleuchtung und aufgrund eines inneren Lichts. Zugleich misst er dem menschlichen Lehrer eine größere (wenngleich auch bei ihm sekundär bleibende) Bedeutung bei: Der Schüler weiß nicht nichts, sondern er weiß teilweise (*in parte*), er hat sein Wissen der Möglichkeit nach (*in potentia*), noch nicht wirklich (*in actu*). Wissen, Tugenden und Ideen hat der Mensch als Möglichkeit erstursächlich (*causa prima*) von Gott; der Lehrer ruft sie zweitursächlich (*causa secunda*) in die Wirklichkeit. Der Übergang des Lernens von der Möglichkeit zur Wirklichkeit kann nach Thomas bisweilen autodidaktisch erfolgen, ist aber in der Regel an die Hilfe eines Lehrers gebunden. Während Augustinus die Rolle der Sprache beim Lehren und Lernen gering schätzt, weil Worte und Sachen nicht identisch sind, sieht Thomas in der Sprache nicht nur ihren Zeichencharakter, sondern vor allem die Fähigkeit zu Begriffen und zu reinen Formen. Der Lehrer regt den Schüler zum Urteilen an, liefert ihm auf induktive Weise Beispiele, präsentiert ihm Wissen – nicht zur passiven Hinnahme, sondern zur aktiven Hervorbringung.

Richard von St. Viktor (gest. 1173) hat im Hochmittelalter den Augustinschen Gedanken der Person vertieft und in das Zentrum der Pädagogik gerückt. Dabei geht er nicht von schon damals als klassisch geltenden Definitionen aus wie z. B. jener von Boethius, Person sei die unteilbare Substanz einer verständigen Natur («*Persona vero rationabilis naturae individua substantia*»), weil nämlich in ihnen die Person als ein Etwas (ein *quid* = was), mithin als eine Substanz aufgefasst wird. Dagegen wählt er einen Zugang über den normalen Sprachgebrauch, wo die Person als einmaliger und einzigartiger Jemand (ein *quis* = wer) begriffen wird. Dieses persönliche Eigentümliche ist das Ergebnis eines Hervorbringens («*exsistere*») von Differenz aus einem geschlossenen Kosmos: «Wir nennen persönliche Eigentümlichkeit, wodurch ein jeder einer ist und von allen anderen unterschieden.» Dieses Personsein ist «*incommunicabile*», also nicht mitteilbar und nicht kopierbar. Damit gelangt Richard von St. Viktor zu der Einsicht, dass Person nicht eine Substanz in der Art eines Trägers von Eigenschaften ist, sondern ein Seiendes, das aus sich selbst heraus existiert und keinem fremden Träger anhaftet oder ihm hinzukommt. Damit «korrigiert» Richard von St. Viktor die traditionelle Definition des Boethius

und schreibt: «Person ist ein durch sich selbst Existierendes gemäß einer einzigartigen Weise vernünftiger Existenz.»

Im 12. Jahrhundert bringt Petrus Abaelardus (1079–1142)
ein neues Moment ins Spiel. Indem er das Personsein als eine
moralische Aufgabe und als eine sittliche Leistung (im Sinne der
areté) begreift, kann er zwischen Person und Individuum unterscheiden – eine für die pädagogische Idee in der Tat maßgebliche Unterscheidung. Während das Individuumsein zum Bereich des Naturhaften gehört (unsere «individuellen» Merkmale sind von der Natur bestimmt), ist Person von moralischer
Qualität (unsere personalen Eigentümlichkeiten bestimmen wir
in Freiheit selber und sie unterliegen dem Urteil von Gut und
Böse). Wenn aber Person im Gegensatz zum naturhaft bestimmten Individuum «mehr als Natur», nämlich sich selbst bestimmende Moralität ist, dann kommt ihr eine alles Dinghafte über-
ragende Würde zu. Bei Philipp Cancellarius heißt es dann in den
«Abhandlungen über die Menschwerdung» («*Quaestiones de
incarnatione*») lapidar «Das Sein der Person ist ein moralisches
und ihm gebührt Würde». Damit wird schon im Mittelalter ein
Thema angeschlagen, das in der Folgezeit zuerst im Humanismus und dann bis heute ein bleibendes Gärungsferment pädagogischen Denkens geworden ist.

Die mittelalterliche Pädagogik
zwischen theologischem Objektivismus
und religiösem Subjektivismus

Die christliche Pädagogik des Mittelalters ist vorwiegend eine
Pädagogik des Glaubens. Glaube meint dabei, den einführen-
den Erläuterungen in das Christentum von Joseph Ratzinger zu-
folge, eine grundlegend andere Option gegenüber der Wirklichkeit: nicht ein objektivierendes Feststellen und Beschreiben von
Dingen und Tatsachen, sondern eine existentielle Form, sich
zum Sein und zum Ganzen des Wirklichen zu verhalten. Diese
«Glaubenspädagogik» entfaltet sich in der von Augustinus (*De
trinitate* XII, 2, 5) beschriebenen Spannung zwischen dem Akt
(*fides qua creditur*) und dem Inhalt des Glaubens (*fides quae*

creditur). Als Akt meint der Glaube die Antwort des von Gott angesprochenen Hörers; als Inhalt das in Schrift, Tradition und Dogma objektivierte Wort des sich selbst mitteilenden Gottes. Die *fides qua creditur* (als «Du-Glaube») steht dabei in der Gefahr, zum rein subjektiven Bezug, die *fides quae creditur* (als «Dass-Glaube») in jener, zu einem sachhaft verstandenen Kanon von Glaubenssätzen zu werden. Die erste Tendenz zieht – pädagogisch gesehen – einen stark individualistischen, die zweite einen mehr dogmatisch-autoritären Standpunkt nach sich.

Durch die Rezeption des Aristoteles in der christlichen Philosophie des Mittelalters kam in der Scholastik als dem groß angelegten Versuch, heidnische Antike und Christentum zu versöhnen, erneut eine kosmologisch-gattungsmäßige Betrachtung des Menschen gegenüber einer augustinisch-personalistischen Sicht zur Geltung. Gleichzeitig gewannen ein systematisierendes, auf Geschlossenheit («Summen») zielendes Denken und entsprechende Formen des Lehrens und Lernens Vorrang. Das scholastische Denken strebte nach Aufhebung des Gegensatzes von Vernunft und Glaube mittels der Dialektik und der didaktischen «Methoden» der *lectio, quaestio* und *disputatio*, gemäß dem von Anselm von Canterbury entworfenen Programm einer *fides quaerens intellectum* (ein Glaube, der nach Einsicht strebt). Weit davon entfernt, Autorität – die politische ebenso wenig wie die kirchliche – als Gegenbegriff zu Vernunft und Freiheit zu verstehen, wurde diese als Ermöglichungsgrund und als Garant für eine alles umgreifende Ordnung und für einen stimmigen Lebensstil des Menschen angesehen. Damit schlug der am Beginn des abendländischen Denkens stehende Ordnungsgedanke von neuem kräftig durch, und dieses Ordnungsdenken hat sich bis in die sog. Neuscholastik und die in ihrem Fahrwasser gedeihende «normative Pädagogik» im 20. Jahrhundert ausgewirkt.

Andererseits weisen schon zu ihrer Zeit zwei mittelalterliche Strömungen weit über die Scholastik hinaus: die Mystik und die Drei-Reiche-Lehre des kalabrischen Abtes Joachim de Fiore. Die Mystiker (Meister Eckhart, Angelus Silesius, Jakob Böhme) zeigen das Künstliche und Lebensfremde des scholastischen Denkens und Lehrens auf, wobei sie an das Dunkle und Geheimnisvolle des Menschen erinnern und seine inneren Erfahrungen gegen das Gestellhafte des Systemdenkens ausspielen. Enorme pädagogische Bedeutung gewinnt in diesem Zusammenhang die aus der Bibel abgeleitete Urparadoxie der Mystik: Der Mensch findet sich selbst in dem Maße, in dem er von sich ablässt und sich verliert. Dabei treiben die deutschen Mystiker und in noch stärkerem Maße die spanischen, vor allem Teresa de Ávila und Juan de la Cruz, den Gedanken des Gottähnlichwerdens auf den Gipfel und sprechen vom Einswerden und Einssein des Menschen mit Gott: Wenn aber zwei miteinander eins werden sollen, so lehrt Meister Eckhart (ca. 1260–1327) und so wiederholen es seine Schüler Johannes Tauler und Heinrich Seuse, dann muss einer von beiden sein Wesen verlieren. Genau an dieser Stelle kommt es zur Zeugung des *deutschen Bildungsbegriffs*. Es sind diese Mystiker, die das umgangssprachliche «bilden» aus dem handwerklich-künstlerischen Vokabular herausheben, auf die pädagogische Ebene übertragen und «Bildung» zu einem pädagogischen Begriff machen, der dann im 19. Jahrhundert sogar zum Grundbegriff des pädagogischen Denkens in Deutschland wird.

«Bildung» erfordert für Meister Eckhart ein zweifaches Loslassen und Freiwerden: das Sich-Freimachen von den Dingen und Menschen und das Loskommen von sich selbst als Wille und Selbstsein. Entbilden, einbilden und überbilden bezeichnen für Heinrich Seuse den Stufengang der «Vergottung»: Entbilden heißt dabei frei werden von sinnlichen Vorstellungen und von der Verstrickung in die Sinnenwelt der Erfahrung; erst nach diesem Freiwerden kann sich die Seele in Christus einbilden und in Vollendung des mystischen Vorgangs in Gott überbildet werden. Bei Jakob Böhme (1575–1624) kommt später das Moment der Sünde dazu, die nicht nur den Rhythmus der Schöpfung stört, sondern auch den Menschen spaltet: In ihm ringen fortan das göttliche und das teuflische Reich miteinander, und «welches sieget, das bildet die Bildnis.» Der fehlgeleitete Wille will sich wie Luzifer nicht in Gott, sondern in sich selbst bilden und nur «sich selbst verwirklichen». Selbstverwirklichung wird in diesem Verständnis zu einem Teufelswerk, und abermals heißt die Lösung, welche die Mystiker anzubieten haben: Nur durch die Befreiung aus der Befangenheit in sich selbst und durch die Hingabe an ein anderes, nämlich an seine göttliche Berufung, kann der Mensch aus seiner Verfehlung zurückgeholt und gebildet werden. Bildung wird auf diese Weise ein anstrengender, wenn nicht gar kämpferischer Vorgang, als welchen ihn rund zwei Jahrhunderte später Hegel begriffen und beschrieben hat.

Joachim de Fiore (1130–1202) projizierte die Idee der göttlichen Dreifaltigkeit auf die Geschichte und unterschied nicht mehr wie herkömmlich zwei christliche Zeitalter (Altes und Neues Testament), sondern drei aufeinander folgende Reiche: das vergangene des Vaters, das gegenwärtige des Sohnes und das zukünftige des Heiligen Geistes. Die (Heils-)Geschichte war danach nicht mehr als die wechselhafte Abfolge von Phasen der Gottnähe und Gottferne zu denken, sondern als ein stufenweiser Aufstieg zu Gott zu deuten. Für unseren Zusammenhang ist die Fülle der Metaphern bemerkenswert, mit welchen Joachim diesen Stufengang versinnbildlicht, mehr aber noch, worauf – pädagogisch gesehen – diese Dynamik hinzielt. Da ist bei ihm von dem Übergang aus dem Sternendunkel über die Morgenröte in das helle Licht des Tages, von dem Aufstieg aus der Knechtsgestalt über den Sohnesdienst in die geistige Freiheit, von der Organisation des Judentums im Alten Testament über die hierarchische Papstkirche der Gegenwart zur zukünftigen Laiengemeinschaft einer neuen Kirche die Rede. Als revolutionär und pädagogisch folgenreich erweist sich dabei die These, dass das dritte Zeitalter einer wunderbaren Vergegenwärtigung der transzendenten Wirklichkeit durch Priester und Sakramente nicht mehr bedürfe, weil die Heilsgeschichte ihre Vollendung bereits im Irdischen findet. Dem alten Adam ist ein neuer entgegenzustellen, und zwar durch die Erziehung jenes «neuen Menschen», der die Unschuld und Güte der menschlichen Natur vor dem Sündenfall wiedergewinnt. *Erziehung wird damit radikal neu gedacht*, und zwar als (durch das Erlösungswerk Christi) in der Geschichte ermöglichte «Erneuerung» (*renova-*

tio) bzw. «Wiedergeburt» (Renaissance) der menschlichen Ur-
sprungsnatur, die als eine Gott ebenbildliche nur gut sein und
niemals bis in den Grund hinein verderben kann. Der Gedanke
der Erziehung tritt neben den der Erlösung und schickt sich an,
ihn im Fortgang der Säkularisierung der pädagogischen Idee zu
verdrängen und abzulösen.

3. Renaissance und Reformation

Jules Michelet und Jacob Burckhardt haben den zentralen (und
den Namen gebenden) Gedanken der «Wiedergeburt» im italienischen Renaissance-Humanismus übereinstimmend als die
«Entdeckung des Menschen» bezeichnet, und zwar in dem
Sinne, dass sich der Mensch nicht mehr nur als eine Erschei-
nungsform des Allgemeinen – Volk, Rasse, Stand, Korporation
etc. – verstand, sondern als eigenständiges geistiges Individuum
wiedergeboren wurde. Francesco Petrarca (1304–1374) – laut
Bernhard Groethuysen «der erste moderne Mensch» – hat
für dieses neu erwachte Selbstbewusstsein des Menschen den
Satz geprägt: «Ich bin einer und möchte mit mir eins bleiben»
(«*Ego sum unus utinamque integer*»). Nikolaus von Kues
(1404–1464) hat diese Identitätsformel in der These von der
schöpferischen Tätigkeit des menschlichen Geistes konkretisiert:
der Mensch als *alter deus*: «Der Mensch ist ein *zweiter Gott*. So
wie Gott der Schöpfer des wirklich Seienden und der natürlichen
Formen ist, so ist der Mensch der Schöpfer der Verstandesdinge
und der künstlichen Formen. Diese sind nichts anderes als Ähnlichkeiten seines Denkens, so wie die Geschöpfe Ähnlichkeiten
des göttlichen Denkens sind. Demgemäß besteht die Vernunft,
die der göttlichen Vernunft ähnlich ist, *in einem Erzeugen*.» (*De
beryllo*, Kap. 6) Wie der göttliche Schöpfer in seinem Erkennen
das Seiende hervorbringt, so konstruiert der Mensch das begrif-
fene Sein; er schafft die Welt als erkennbare neu, indem er sie
seinem Geist (*mens*) anmisst. Dabei arbeitet er wie ein Kos-

mograph, dem «eine Stadt mit den fünf Toren der Sinne eigen ist» (*Compendium*, Kap. 8) und der die Welt aufgrund der von den Sinnen überbrachten Daten nach eigenem Maßstab zeichnet. Diese weltschöpferische Potenz des Menschen manifestiert sich auch in einer typischen Renaissance-Erscheinung, den Utopien als Entwürfen einer vollkommenen, gleichwohl (noch) «nirgendwo» verwirklichten Gesellschaft, wofür Thomas Morus' «Utopia», Tommaso Campanellas «Sonnenstaat» und Francis Bacons «Atlantis» die bekanntesten Beispiele geworden sind.

Dieser anthropologischen Neusicht gesellt sich ein pädagogischer Grundgedanke hinzu, den Erasmus von Rotterdam (1466 oder 1469–1536) auf klassische Weise formuliert hat: «Zum Menschen wird man nicht durch Geburt, sondern durch Erziehung und Bildung» («*Homines non nascuntur, sed finguntur*»). Die Erziehung des Menschen steigt in den Rang einer zweiten Geburt auf. Vergleichbar dem Übergang von den Vorsokratikern zu den Sophisten und zu Sokrates tritt im Renaissance-Humanismus der Mensch erneut in das Zentrum des philosophierenden Nachdenkens. Abermals wendet sich das Interesse an der Erkenntnis der uns umgebenden Welt um und richtet sich auf den Menschen und besonders auf die Frage nach den sittlichen Maßstäben seines Handelns. Dabei leuchtet ein, dass in dem Augenblick, da der Mensch, und jetzt jedes einzelne Individuum, aus einer vorgegebenen Ordnung heraustritt, die Frage nach einem neuen «humanen» (d. h. einem dem Menschen angemessenen) Richtmaß für das Handeln aufbricht: Sprache, Geschichte, Moral, Politik und die Erziehung werden so mit Notwendigkeit die zentralen Themen der Bildungsbewegung des Humanismus. Die Rhetorik als die Kunst der überzeugenden und sich (über die Regeln des eigenen und des Miteinanderlebens) verständigenden Rede gewinnt ebenso notwendig vorrangige pädagogische Bedeutung.

Will man sich das durchgreifend Neue am Humanismus von Renaissance und Reformation anschaulich vor Augen stellen, dann erscheint die Gegenüberstellung von zwei Büchern aufschlussreich, die beide zur großen Weltliteratur gehören und fast gleichzeitig entstanden sind. Gleichwohl spiegelt das eine die geistige Welt des ausgehenden Mittelalters, das andere die des Renaissance-Humanismus exemplarisch wider. Dantes (1265–1321) «Göttliche Komödie», die man mit Recht als die letzte Summe des Mittelalters bezeichnet hat, zeigt den Menschen auf seiner großen Wanderung von dieser Erde zur ewigen Seligkeit. Sie zeichnet ein Weltbild der Ruhe, des Beständigen und Bleibenden. Ihre Sprache ist reich an Symbolen, die auf dieses Unwandelbare, Zeitlose, Unerschütterliche der alles tragenden göttlichen Ordnung verweisen. Durch das Paradies wird Dante von seiner früh verstorbenen Geliebten Beatrice geleitet, der verklärten Verkörperung jener zeitlos-göttlichen Liebe, auf die die zeitlich-irdische Liebe nur einen schalen Vorgeschmack zu geben vermag. In den Lichthimmel der Erlösten wird Dante von Bernhard von Clairvaux eingeführt, dem mittelalterlichen Heiligen schlechthin. Giovanni Boccaccios (1313–1375) «Decamerone» steht Dantes Göttlicher Komödie als eine ausgesprochen menschliche gegenüber. Boccaccio beschreibt konkrete Lebenserfahrungen in all ihrer Buntheit. Er beurteilt die Menschen nicht mehr nach dem Maßstab einer überzeitlichen Ordnung, sondern er sieht die Maßgaben menschlichen Handelns im Menschen selbst. Die Akteure sind nicht Repräsentanten der Menschheit, die einen für alle gleichermaßen gültigen Weg gehen, sondern im Mittelpunkt steht der individuelle Einzelmensch, der sein Leben in der Zeit auf seine ihm eigene und eigentümliche Weise gestaltet. Nicht mehr der von aller Erdenschwere befreite Heilige ist Inbegriff menschlicher Vollendung, sondern der alle Höhen und Tiefen des menschlichen Lebens auskostende, alle Leidenschaften und Vergeistigungen durchlebende geschichtlich-konkrete Einzelmensch. Boccaccio besingt nicht eine engelhaft verklärte Frau, sondern macht mit seinem Buch eine Hetäre namens Fiametta literarisch unsterblich.

Der Renaissance-Humanismus setzt zuerst auf literarischem Gebiet ein. Francesco Petrarcas Rehabilitierung der Poesie gegenüber einer im System erstarrten Philosophie und Boccaccios Wiederbelebung der bilderreichen Literatur gegenüber einer lebensfremden abstrakten Begriffsspekulation eröffnen eine vergessene Welt von Gefühlen und Leidenschaften, die den Menschen mehr als jeder Unterricht und jede Lehre formen und zum Handeln bewegen, und sie schärfen zugleich den Sinn für die unendlichen individuellen Verschiedenheiten und Eigentümlichkeiten. François Rabelais (1494–1553) gießt – dabei einen später immer wiederkehrenden «reformpädagogischen» Topos setzend – seinen ganzen Spott und Hohn über die «alte» gleichmacherisch-schematische Erziehung aus und illustriert an den beiden literarischen Figuren Gargantua und Pantagruel die gewaltigen Unterschiede zwischen der alten und der neuen Erziehung: Gargantua, der Sohn des sagenhaften Königs Grangola, hatte seine Erziehung durch die besten Lehrer der Zeit erhalten, aber er war ein Träumer und lebensuntüchtig geworden, denn diese Erziehung hatte noch den alten vor-humanistischen Geist geatmet. Es war also nichts anderes übrig geblieben, als Gargantua im neuen Geiste noch einmal zu erziehen. Der weise Ponokrates schaffte dieses Kunstwerk, und er bildete Gargantua, indem er ihn alles vergessen machte, was er von seinen Lehrern gelernt hatte. Als Gargantua später seinen Sohn nach Paris schickt, um ihn dort in dem neuen Geist erziehen zu lassen, gibt er ihm den Ratschlag mit auf den Weg: «Traue nicht dem Irrsal der Welt. Hänge dein Herz nicht an Eitelkeiten; denn dieses Leben ist vergänglich, aber des Herren Wort bleibet in Ewigkeit. Sei allen deinen Nächsten gern zu Diensten, liebe sie wie dich selbst. Ehre deine Lehrer, fliehe die Gemeinschaft derer, denen du nicht willst gleich sein, und die Gaben, die du von Gott empfangen hast, lass sie dir nicht umsonst verliehen sein.»

Die «neue Erziehung» ist rhetorisch und enzyklopädisch. Sie will den Menschen durch Beispiele, Bilder, Erfahrungen gelebten Lebens und durch den argumentativen Dialog zu vernünftigem Wählen und freiem Handeln führen. Erasmus erneuert den antiken Gedanken der enzyklopädischen Bildung: Der Mensch muss seinen eigenen Standort in der Welt der Dinge, des Wissens und der Menschen finden und zum Mittelpunkt eines eigenen Denk- und Lebenskreises (von griech.: *en kyklios*

= im Kreismittelpunkt stehend) werden. Angesichts einer sich immer mehr in das Unendliche ausdehnenden Welt – Giordano Bruno (1548–1600) hat den Gedanken der Unendlichkeit der Welt zur Grundlage einer ganzen Philosophie gemacht – wird das Ich dadurch zum Mittelpunkt der Welt, dass es sich in dieser Unendlichkeit orientieren, seinen eigenen Standpunkt finden und sich *seine eigene Welt* überhaupt erst schaffen muss. In seinem «Lob der Torheit» erfährt die pädagogische Idee bei Erasmus eine paradoxe Wendung: Angesichts der Verkehrtheit der Welt und der Verstellung der Menschen wird Bildung zur Demaskierung und Desillusionierung, so dass am Ende nicht die Weisen dieser Welt, sondern die Toren und Narren die wahrhaft Gebildeten sind. Indem diese Erziehung dem Menschen die theaterhafte Rollen- und Maskenartigkeit des Lebens durchschauen lässt, ermöglicht sie ihm jene kritische Distanz von sich und von den anderen, ohne die es keine Bildung geben kann.

Inspiriert von diesem neuen anthropologischen Denken und anknüpfend an die christliche Lehre von der Menschwerdung Gottes stößt Petrarca eine breite und bis heute nachwirkende Diskussion über die Sonderstellung des Menschen in der Schöpfung an, die sich in dem Begriff der Würde des Menschen (*dignitas homini*) wie in einem Brennglas verdichtet. Pädagogisch bedeutsam und einflussreich wurde Giovanni Pico della Mirandolas (1463–1494) Rede «Über die Würde des Menschen» («*De dignitate hominis*»), 1486 als Eröffnungsrede für ein in Rom geplantes, dann aber vom Papst untersagtes Weltkonzil der Philosophien und Religionen verfasst. Nicht zu Unrecht ist dieser Text wiederholt als die Geburtsurkunde der modernen Pädagogik bezeichnet worden. Der schon von seinen Zeitgenossen als Phönix der Geister gefeierte Autor gründet die Wesenswürde des Menschen in der Freiheit, mit der er als einziges Geschöpf von Gott ausgestattet und ausgezeichnet worden ist. Während alle Dinge und alle anderen Lebewesen zu einem bestimmten Sein geschaffen und ihnen ihr Platz in der Welt zugeteilt worden ist, kann der Mensch grundsätzlich «alles werden» und seinen Platz und seine Rolle in der Welt selber wählen. Er kann tierischer als jedes Vieh vegetieren oder sich kraft seines geistigen Entschlusses bis in göttliche Höhen erheben. Nachdem Pico das Sechstagewerk Gottes auf seine eigene Art nacherzählt und die Erschaffung des ersten Menschen vergegenwärtigt hat, lässt er Gottvater die folgenden berühmt gewordenen Worte sprechen: «Wir haben dir keinen festen Wohnsitz gegeben, Adam, damit du den Wohnsitz, das Aussehen und die Gaben, die du selbst dir ausersiehst, entsprechend deinem Wunsch und Entschluß habest und besitzest. Die Natur der übrigen Geschöpfe ist fest bestimmt und wird innerhalb von uns vorgeschriebener Gesetze begrenzt. Du sollst dir deine ohne jede Einschränkung und Enge, nach deinem Ermessen, dem ich dich anvertraut habe, selber bestimmen. Ich habe dich in die Mitte der Welt gestellt, damit du dich von dort aus bequemer umsehen kannst, was es auf der Welt gibt. Weder haben wir dich himmlisch noch irdisch, weder sterblich noch unsterblich geschaffen, damit du wie dein eigener, in Ehre frei entscheidender, schöpferischer Bildhauer dich selbst zu der Gestalt ausformst, die du bevorzugst. Du kannst zum Niedrigeren, zum Tierischen entarten; du kannst aber auch zum Höheren, zum Göttlichen wiedergeboren werden, wenn deine Seele es beschließt.»

Der spanische Humanist Juan Luis Vives (1492–1540) hat diesen Gedanken in seiner «Erzählung über den Menschen» («*Fabula de homine*») sehr bildhaft veranschaulicht, indem er bei einem Fest der Götter die Menschen ein dreiaktiges Theaterstück aufführen lässt, bei dem sie zuerst die ganze Bandbreite menschlicher Schicksale zur Schau stellen, dann tierische Verhaltensweisen nachahmen und am Ende gar die Handlungen der Götter spielen und auf diese Weise eindrucksvoll vor Augen führen, dass sie in der Tat «alles sein» können. Schließlich müssen die Götter erkennen und anerkennen, dass die Menschen freier und großartiger sind als sie selbst.

Charles de Bovelles (1478–1567) hat in seinem «Buch über den Weisen» («*Liber de Sapiente*») den Weisen mit Prometheus verglichen. Wie dieser den aus Ton geschaffenen Menschen durch das den Göttern geraubte Feuer belebte, so bringt jener das Feuer der Weisheit auf die Erde und ist nun in der Lage, die ganze Welt zu denken und ihr einen Sinn zu verleihen. Die Welt, vor ihrer Erschaffung nur Gedanke Gottes, vollendet sich im Menschen, wo sie wieder Gedanke wird.

Die pädagogischen Prinzipien, auf welche die Reformatoren, allen voran Luther, Zwingli und Calvin, ihre neue «reformatorische Erziehung» gründen, sind denen des Renaissance-Humanismus eng verwandt. Der individualistische Grundzug der Reformationspädagogik ist ebenso unübersehbar wie ihre Betonung der personalen Freiheit und Verantwortung. In ihrer Kritik an der überkommenen Erziehung sind die Reformatoren radikal; das gilt auch im Hinblick auf die Erneuerung des Christentums. Dabei lässt sich die Reformation, bei Martin Luther insbesondere, aber auch allgemein, als eine reinigende Reaktion der biblischen Tradition des Christentums gegenüber den hellenistischen und römischen Überlagerungen verstehen. Luthers unerbittlicher Kampf wendet sich immer wieder gegen die Vorrangstellung des «gottverfluchten Heiden» Aristoteles innerhalb der christlich-scholastischen Philosophie und Theologie. Ihm stellt Luther Paulus und den Gedanken der Gnade entgegen bis hin zu dem extremen Standpunkt, dass die menschliche Erziehung selbst als ein Gnadengeschenk Gottes zu betrachten und der menschliche Erziehungswille eitel und hoffärtig sei. Darüber gerieten Luther und Erasmus in heftigen Streit, der sich vor allem an der Frage nach dem freien Willen entzündete. Während Erasmus mit aller Entschiedenheit die Freiheit und die Fähigkeit des Menschen verteidigte, das Wahre erkennen, das Gute wollen und das Schöne verwirklichen zu können, geriet Luther darüber in geradezu heiligen Zorn, gewahrte darin zu viel Platon und zu viel Sokrates und eiferte sich für die These, jeder Glaube an die natürliche Gutheit der menschlichen Natur und jede Hoffnung auf die Erlösungskraft der menschlichen Vernunft tue der Ehre Gottes Abbruch und schmälere das biblische Prinzip des «*Sola fide*» («Allein durch den Glauben»). Gegenüber Erasmus, dem kritisch-gläubigen Humanisten, schlägt bei dem Reformator Luther das existentielle Moment durch: die Erfahrung der eigenen Sündhaftigkeit und die Furcht vor der ewigen Verdammnis. Für Luther und mehr noch für den späteren Pietismus waren einzelne Sünden nur Symptome für eine tiefer gehende Erkrankung der menschlichen Seele, die weder durch gute Werke und durch Buße noch durch Sakramente, geschweige denn durch käufliche Ablässe geheilt werden kann. Nur der Glaube an Christus kann den Menschen vor Gott rechtfertigen.

Martin Luthers (1483–1546) pädagogisches Bemühen zielt daher auf ein unmittelbares Verhältnis des Menschen zu Gott kraft des persönlichen Glaubens und der ihm von Gott huldvoll erwiesenen Gnade. Er lehnt die Katholische Kirche als Autorität und Gnadenvermittlerin ab und stuft das mönchisch-beschauliche Lebensideal zugunsten des alltäglichen Lebens in Haus und Familie und zugunsten der Berufsarbeit zurück. Ulrich Zwinglis (1484–1553) Pädagogik richtet sich weniger auf den Einzelnen als auf das Leben in der Gemeinde und auf eine puritanische Lebensführung, und sie bringt (zum ersten Male) die Idee einer funktionalen Erziehung auf den Begriff: *Alle erziehen allezeit alle.* Die von dem Schweizer Reformator vorgeschlagenen Erziehungsmaßnahmen richten sich – anders als bei Luther – stärker auf das äußere Verhalten. Der Heranwachsende soll sich benehmen, «wie sich's gehört»; er soll lernen, der Prunksucht und dem Geiz zu widerstehen, vor allem aber das größte Übel zu meiden: den Müßiggang. Obwohl bei Jean Calvin (1509–1564) die Prädestinationslehre, d. h. die Vorherbestimmung des menschlichen Lebens und die Auserwählung durch Gott, Erziehung eigentlich überflüssig machen müßte, bindet er die Vervollkommnung des Einzelnen an den bedingungslosen Dienst für die Gemeinschaft und «pädagogisiert» das gesamte kirchliche und Gemeindeleben. Die Heiligung des Menschen hängt davon ab, wie sehr er sich den Aufgaben hingibt, die ihm die Gemeinschaft zuweist. Die Vervollkommnung des Menschen wird an seine Anpassung an, besser müsste man sagen: an die Einpassung in die (Glaubens-)Gemeinschaft gebunden und (zum ersten Male) als «Sozialisation» gedacht.

Philipp Melanchthon (1497–1560), dessen Einfluss auf die lutherische Theologie und auf das protestantische Bildungswesen schwerlich überschätzt werden kann und der zu Recht den Ehrentitel *Praeceptor Germaniae* («Lehrer Deutschlands») trägt, kommt das Verdienst zu, aus tief humanistischer Überzeugung heraus dem Glauben, der Vernunft und der Erfahrung eine gleichrangige pädagogische Bedeutung beigemessen und einem scholastisch erstarrten Schulbetrieb die Wahlfreiheit des menschlichen Willens entgegengesetzt zu haben. In seiner berühmten Wittenberger Antrittvorlesung, zehn Monate nach Luthers Thesenanschlag gehalten, heißt es programmatisch: «Die Gelehrsamkeit gewöhnt an Genauigkeit. Überhaupt gehen wissenschaftliche Bestrebungen auf Sittlichkeit über, so dass gerade jene Sorgfalt, die bei der Forschung angewandt wird, Bescheidenheit erzeugt».

Auch die seit dem preußischen Historiker Leopold von Ranke so genannten «gegenreformatorischen», in Wirklichkeit aber innerkirchlichen katholischen Reformbestrebungen atmen den Geist des Renaissance-Humanismus (Erasmus, Vives) und der Mystik (Teresa de Ávila, Juan de la Cruz, Ignatius von Loyola). Die pädagogische Idee dieser inneren Reformbewegung ist in einem Buch zusammengedrängt, das seine erneuernde Wirkung auf die Menschen bis heute nicht verloren hat: den «Geistlichen Übungen» des Ignatius von Loyola (1491–1556), oft einfach nur als «Exerzitienbuch» bezeichnet. Es handelt sich um einen vierwöchigen Kurs von Meditationen und Selbstbesinnungen, in denen sich der Lernende mit Hilfe eines Lehrers, des sog. Exerzitienmeisters, über sich selbst klar werden und zu einer neuen eigenständigen Lebensentscheidung finden soll. Er soll lernen, sich von der Welt zu distanzieren, ohne sich aus ihr zurückzuziehen oder ihr gar zu entfliehen. Diese Indifferenz gegenüber der Welt meint dabei nicht Gleichgültigkeit, sondern eine lockere Gelassenheit und eine Heiterkeit der Seele. Auch die (bis in unsere unmittelbare Gegenwart) weltweit wirksame Schulordnung des von Ignatius gegründeten Jesuiten-Ordens, die *«Ratio atque institutio studiorum Societatis Jesu»*, beruht auf dem doppelten Gedanken einer Orientierung in der Welt und einer Distanzierung von ihr, gemäß dem zweifachen Sinn der «freien Künste» als Künste der Freien und als Künste der Befreiung des Menschen. Die Schüler sollen lernen, sich in personaler Freiheit ein klares Ziel zu setzen, dieses über alle Hindernisse hinweg erreichen zu wollen und dabei den besonderen Umständen von Ort, Zeit und Personen Rechnung zu tragen.

Das pädagogische Denken des Renaissance-Humanismus erreicht seine Klimax in der pansophischen (von griech.: *pansophia* = Allweisheit) Pädagogik des tschechischen reformierten Bischofs Jan Amos Komensky (1592–1670), in der latinisierten Form seines Namens des Comenius. Bei ihm – laut Johannes Schurr dem größten pädagogischen Genie, das die Welt hervorgebracht hat – wird die pädagogische Idee wahrhaft «allumfassend» gedacht und in das Programm einer religiös-sittlich-gesellschaftlichen «Allgemein- und Generalreformation» eingeordnet. Ausgehend von einer aus den Fugen geratenen und zu einem Labyrinth entarteten Welt, wie sie Comenius in der Drangsal des Dreißigjährigen Krieges immer wieder bitter erlebt hat, stellt er in seiner häufig als Konsultationswerk bezeichneten «*De rerum humanarum emendatione consultatio catholica*» eine «Allgemeine Beratung über die mögliche Entfehlerung (*emendatio*) der Welt der Menschen» an. Die chaotische Unordnung schreibt Comenius einer sündhaften Verfehlung dessen zu, den Gott zum Hüter und Mitgestalter dieser Welt berufen und eingesetzt hat. Die Sünde des Menschen besteht dabei nicht so sehr in einem sittlichen Versagen als vielmehr in träger Unwissenheit, trüber Unkenntnis und müßiger Untätigkeit. Diese Sünde ist also zu heilen und wieder gut zu machen, und zwar durch rechte Belehrung und durch engagierte Tätigkeit.

Der Mensch als Ebenbild des Schöpfergottes ist nämlich wie jener der Erkenntnis der göttlichen Weltidee fähig und daher zur Wiederherstellung der Weltordnung grundsätzlich in der Lage. Um ihn tatsächlich in Stand zu setzen, die Welt (wieder) in Ordnung zu bringen, bedarf es einer auf das Ganze (das *pan*) und auf die göttliche Ordnung der Welt bezogenen Bildung (*paideia*): der *pampaedia*. Die göttliche Weltordnung offenbart sich dem Menschen in drei Büchern: jenem, das die Werke Gottes (die Natur) enthält und in der Sprache der Mathematik verfasst ist; jenem, in dem die Worte Gottes (die Bibel) aufgezeichnet sind und das auf Hebräisch und Griechisch geschrieben ist; und schließlich jenem der menschlichen Vernunft (Gottes Eben-

bild), die als ein Mikrokosmos die ganze Welt und ihre innere
Ordnung in sich trägt. Jedes der drei Bücher wird von anderen
Lehrern gelehrt und ausgelegt: die Natur durch die Wissen-
schaftler, die Bibel durch die Theologen und die Vernunft durch
die Philosophen. Den drei Büchern entsprechen drei Werke,
durch die der Mensch die Dinge wieder in den rechten Gebrauch setzen, die Ordnung wiederherstellen und seine weltschöpferische Aufgabe erfüllen kann: die Wissenschaft, die Religion und die Politik. Der didaktische Grundsatz des Comenius,
allen alles auf alle Weise zu lehren, meint also weder polyglotte
Allerweltsweisheit noch ein tumultuarisches Vielwissen, sondern ein Wissen des Ganzen und um das Ganze. Und diese im
wahrsten Sinne des Wortes «Allgemeinbildung» steht allen
Menschen überall und jederzeit gleichermaßen zu, unabhängig
von Herkunft, Rasse, Religion, Geschlecht oder Alter. Hier
wird der Gedanke der gleichen Bildung für alle zum ersten Male
mit aller Entschiedenheit vertreten und aus der allen Menschen
gleichermaßen zukommenden Gotteskindschaft heraus religiös
begründet.

Diese Bildung des Menschen schließt alle Lebensalter ein und
gliedert sich in acht aufeinander folgende «Schulen», die von
der des vorgeburtlichen Lebens bis zu jener des Greisenalters
und der Vorbereitung auf das Sterben reichen. Comenius nimmt
damit nicht nur den Gedanken eines lebenslangen Lernens um
Jahrhunderte vorweg, sondern er entwirft auch das Idealbild
einer Schule, die weit mehr ist als bloße Unterrichtsanstalt oder
ein wohlfeiles Instrument zur Erreichung von gesellschaftlichen
Stellungen und von ökonomischem Wohlstand. Für Comenius
ist Schule der Ort, an dem die Verbesserung der menschlichen
Verhältnisse anzusetzen hat, indem der Mensch durch einsich-
tiges Lernen in die Unversehrtheit seines Ursprungs zurückge-
führt wird. Wenn im Hinblick auf Comenius von «natürlicher
Erziehung» gesprochen wird, dann meint Natur jenen aller Ver-
wirrung und Verderbtheit, allem Lug und Trug vorausgehenden
Zustand des Menschen und der Welt, der wieder hergestellt
werden muss, wenn es mit dem Menschen und der Welt wieder
recht vorangehen soll. Darüber ist gründliche Beratung aller

Menschen notwendig, und Comenius fordert – 300 Jahre vor
Völkerbund und UNO – bereits eine Art Weltkonzil, auf welchem dem Frieden und der Einheit im Wissen, Glauben und
politischen Handeln zugearbeitet werden soll.

Während Comenius die Erbsünde als einen unchristlichen
und mit dem guten Gott unvereinbaren Gedanken zurückweist,
denkt der ebenfalls «generalreformerische» Pastor August Hermann Francke (1633–1727) in seiner pietistischen Pädagogik
(von *Pietismus* = Frömmlertum) von der durch die Erbsünde
grundsätzlich verdorbenen Menschennatur her. Da für Francke
– anders als für Comenius – die Sünde des Menschen nicht in
fehlender Einsicht oder in mangelndem Wissen beruht, bedarf
es zur Heilung dieses verdorbenen Menschen nicht nur der
Lehre und des Unterrichts, sondern in erster Linie der göttlichen
Gnade und einer den ganzen Menschen von Grund auf umpflü-
genden Erziehung zu gehorsamer Disziplin, emsigem Fleiß und
nützlicher Arbeit. Diese Erziehung muss den Eigenwillen des
Kindes brechen, es einer strengen Zucht unterwerfen, seinen
Arbeitseifer mächtig anstacheln und von ihm alles fernhalten,
was die Weltliebe fördern könnte, also Spiele und Vergnügun-
gen jeglicher Art, aber auch Musik und Theater. Um derglei-
chen «nutzlosen Müßiggang» auszuschließen, verlangt Francke
eine ununterbrochene Beaufsichtigung der Kinder und Jugendlichen. Die Franckesche Schulgründung (seit 1695 in Halle)
nimmt deshalb einen ganz anderen Charakter als der Schulentwurf des Comenius an: Sie ist eine *Anstalt*, in der die Zöglinge
lückenlos von einer totalen Erziehung umfangen werden; sogar
die Freizeit wird pädagogisch erfasst und durch «Rekreations-
übungen» ausgefüllt; Ferien sind verpönt. Aufsicht, Gewöhnung, Beispiel, Zucht, Strafe und nützliche Arbeit sind die vor-
züglichen Mittel dieser Erziehung. Wahre Gottseligkeit und
christliche Klugheit – wohl zu unterscheiden von der weltlichen
Klugheit – werden durch sie befördert, indem dem umgepflüg-
ten «alten» Menschen die Tugenden der Wahrheitsliebe, des
Gehorsams und des Arbeitsfleißes eingeprägt werden, damit
kraft ihrer ein «neuer Mensch» erwachse.

4. Erziehung und Aufklärung

Als ein typisch deutsches Verbalsubstantiv bezeichnet Aufklärung – vergleichbar analogen Begriffen wie Schöpfung, Heilung, Bildung oder Entwicklung – sowohl einen Prozess als auch dessen Ergebnis, wobei über die Kausalität dieser Beziehung nichts ausgesagt wird: Am Ende der Aufklärung im Sinne des Aufklärens steht Aufklärung im Sinne des Aufgeklärtseins. Aufklärung kommt sowohl als ein solcher Aktionsbegriff wie auch als Epochenbegriff vor. Wenn vom Zeitalter der Aufklärung gesprochen wird, meint man eine bestimmte geschichtliche Zeitspanne – gewöhnlich das 17. und mit Schwerpunkt das 18. Jahrhundert –, eine Epoche also, in der das Vertrauen in die menschliche Vernunft das Bedürfnis nach Lebensorientierung durch Autoritäten und Traditionen überwog. Nennt sich jedoch jemand einen «Aufklärer» oder eine «Aufklärerin», dann ordnet er bzw. sie sich nicht einer historischen Epoche zu, sondern versteht Aufklärung systematisch und als Programm. Dieses Programm ist seinerseits nicht notwendig an eine bestimmte Epoche gebunden, sondern kann grundsätzlich jederzeit in Angriff genommen werden. Offenbar gebrauchen ein solcher «Aufklärer» und eine solche «Aufklärerin» das Verb «aufklären» in einem transitiven Sinne, d. h. als eine erzieherische oder belehrende Zuwendung, die einem noch nicht Aufgeklärten von einem bereits Aufgeklärteren zuteil wird. Die berühmte Definition, die Immanuel Kant 1784 von Aufklärung gegeben hat, verwendet dagegen Aufklärung in einem intransitiven Sinne als Selbstaufklärung, sofern Kant sie als «Ausgang des Menschen aus seiner selbstverschuldeten Unmündigkeit» deutet und diese Unmündigkeit auf einen Mangel an Entschließung und Mut zurückführt, sich seines Verstandes ohne Leitung eines anderen zu bedienen. Aufklärung als Programm kann aber ihr Ziel ebenfalls unterschiedlich fassen und sich im einen Falle mehr *ratio-*

nalistisch, im anderen stärker *emanzipatorisch* verstehen. Dort lautet ihr Motto «Wahrheit durch Klarheit»; hier heißt es «Selbständigkeit und Freiheit». Zielt Aufklärung einmal auf klare Begriffe und auf die Überwindung von Unwissenheit und Aberglauben, so geht es ein andermal um die Befreiung des Menschen aus Fesseln und um die Beseitigung der Herrschaft von Menschen über Menschen. Daß beides miteinander Hand in Hand gehen kann und muss, ist ein Standpunkt, den alle die einnehmen, die eine Verbesserung der menschlichen Verhältnisse an eine Klärung des Bewusstseins von diesen Verhältnissen binden – von den französischen Enzyklopädisten über Karl Marx bis Paulo Freire.

Versteht man Aufklärung als eine geschichtliche Bewegung, dann tritt sie pädagogisch in so vielfältigen Gestalten auf, dass man sie als ein beständig wirksames Ferment in jenem Jahrhunderte überspannenden Prozess der Rationalisierung betrachten kann, der schon mit den Sophisten in der Antike einsetzt, selbst im christlichen Mittelalter nicht erlahmt und im Humanismus von Renaissance und Reformation einen ersten Höhepunkt erreicht. Der Protestantismus hatte auch seinerseits dadurch rationalisierend und säkularisierend gewirkt, dass er dem Einzelnen die Möglichkeit eröffnete, selber zu entscheiden, wem er seine persönliche Loyalität schenken wollte. In diesen weit ausgedehnten Horizont gehören vor allem die Fortschritte der mathematisch-mechanischen Naturwissenschaften, aber auch die Auswirkungen der geographischen Entdeckungsreisen, die Konsequenzen des Streits der Konfessionen und der Religionskriege sowie eine grundlegende Revolution der Denkungsart und des Lernens. Aus dieser Perspektive kann man Aufklärung generell als einen Rückzug des Menschen auf die Vernunft, verbunden mit einer doppelten Ablösung von der Natur und der Tradition, bezeichnen. Diese Ablösung erscheint als Befreiung und Emanzipation des Menschen von der Orientierung und Anleitung durch Autoritäten und als die Hinwendung zum Selbstdenken und dazu, sich im Denken auf sich selbst zu stellen. Eine solche Sicht hat zunächst John Locke (1632–1704) vertreten; in Deutschland haben sie vor allem Christian Thomasius (1655–1728) und Christian Wolff (1679–1754) propagiert. Schließlich hat Immanuel Kant das Selbstdenken aus eigener Vernunft heraus zum obersten Probierstein der Wahrheit erklärt und in der Maxime, jederzeit selbst zu denken, geradezu den Wesensgehalt der Aufklärung erblickt.

René Descartes' (1596–1650) «Meditationen über die Erste Philosophie» markieren einen der einschneidendsten Paradigmenwechsel in der abendländischen Philosophie und Pädagogik. Descartes war Mathematiker und ist als Erfinder der analytischen Geometrie in die Geschichte dieser Disziplin eingegangen. Die Mathematik diente ihm als das musterhafte Vorbild für jede sichere Erkenntnis. Um in Philosophie und Pädagogik einen ähnlich festen Ausgangspunkt zu finden, wie ihn in der Mathematik die Axiome darstellen, unterzog Descartes alles menschliche Wissen einer radikalen analytischen Kritik. Könnte nicht die ganze Welt ein bloßes Phantasieprodukt unseres Bewusstseins oder eines bösartigen betrügerischen Geistes sein? Könnte das, was wir für Wirklichkeit und für Wahrheit halten, sich am Ende nicht nur als ein Traum erweisen? Da – wie schon Augustinus erkannt hatte – der weitaus größte Teil unseres Wissens aus der Tradition, von Autoritäten oder aus der beschränkten Zufallserfahrung sowie aus trügerischen Sinneswahrnehmungen stammt, erschien dieses Wissen für Descartes bloß «auf Sand gebaut». Indem er nun an allem zu zweifeln begann und seinen unnachgiebigen Zweifel zum Motor des wissenschaftlichen Fragens machte, ließ sich zwar jeglicher Wissensinhalt und sogar jegliche Realität bezweifeln, aber gleichzeitig wurde Descartes dabei einer letzten unbezweifelbaren Wirklichkeit gewahr: dem Selbstbewusstsein des zweifelnden Subjekts. Sein «*Cogito, ergo sum*» («Ich denke, also bin ich») wurde zum Grundstein der modernen Bewusstseinsphilosophie und des damit einhergehenden Rationalismus. Die Grundlage des Wissens und Lernens lag von nun an in der menschlichen Vernunft selbst: Wenn etwas evident, also klar und deutlich (*clare et distincte*) vor Augen steht, wird es zur Gewissheit, und von dieser können dann andere Gewissheiten rational abgeleitet werden, und zwar nach dem Muster der alles regierenden Mathematik.

Die Mathematik wurde damit zum Prüfstein von Wissenschaft schlechthin, so dass fortan die universalmathematische Ableitung auch des nichtmathematischen Wissens zum verpflichtenden Programm erklärt und alles nichtmathematisierbare Wissen in den Vorhof der Wissenschaft verbannt wurde.

Francis Bacon (1561–1626) ging in seinem *«Advancement of Learning»* zunächst einen anderen Weg, nämlich den induktiven vom Besonderen zum Allgemeinen. Dem herkömmlichen Wissen und Lernen, das immer nur Schüler und Lehrer produziert, aber keine Erfinder hervorgebracht hat, stellte er die These entgegen, Wissen sei und verleihe dem Menschen Macht über die Natur; es müsse im Dienste der materiellen Wohlfahrt der Menschen und des gesellschaftlichen Fortschrittes stehen und daher an seinen *«fruits and works»* (an seinen Früchten und Ergebnissen) gemessen werden. Bacon entwarf in seinem *«Novum Organon»* – seiner das aristotelische Wissenschaftssystem ablösenden «neuen» Wissenschaftsgliederung – den Plan einer weltumspannenden internationalen Wissenschaftspolitik. Dieser Plan erwies sich zwar als utopisch, dagegen hat seine in der *«Instauratio magna»* entfaltete Metatheorie der Forschung und des Lernens als grundsätzlich unabschließbare Prozesse insofern weitergewirkt, als Bacon über die Alternative von Deduktion und Induktion hinausgeht und den Fortschritt des Wissens von der Entdeckung neuer unbekannter Voraussetzungen und der Verschränkung von theoretischer Klärung und praktischer Wirksamkeit, Interpretation der Natur und Interaktion mit ihr erwartet.

Im Hinblick auf die «Umsetzung» des aufklärerischen Programms in die konkrete Erziehung kommt John Locke (1632–1704) exemplarische Bedeutung zu. Ihm ging es darum, die Ergebnisse des Empirismus, zu dessen philosophischer Grundlegung und Rechtfertigung er selbst wesentliche Beiträge – zum Beispiel mit seiner epochemachenden Schrift *«An Essay Concerning Human Understanding»* («Versuch über die menschliche Erkenntnis») – geleistet hat, auf die praktische Erziehung zu übertragen. Seine *«Thoughts Concerning Education»* («Gedanken über Erziehung») von 1693 haben die pädagogische Theorie und die konkrete Erziehung im 18. Jahrhundert nicht nur in England, sondern weltweit maßgeblich mitgeprägt. In dem Widmungsschreiben an den Auftraggeber seiner Gedankenschrift nennt Locke es sein Anliegen, «die leichteste, schnellste und geeignetste» Erziehungsmethode detailliert auszuarbeiten, «um wohlerzogene und brauchbare Menschen zu bilden». Dabei hat Locke vornehmlich den jungen Gentleman vor Augen, denn in ihm sieht er jenes Ideal verkörpert, dem die Jugendlichen der niederen Stände mehr oder weniger nacheifern (sollten). Um die Kinder der Armen schert sich Locke wenig; diese sollten im Alter von drei bis vierzehn Jahren in *working schools* (Arbeitsschulen) untergebracht werden, damit sie der Gemeinde nicht zur Last fallen.

Für einen Aufklärer auf den ersten Blick erstaunlich, legt Locke bei der Erziehung des *gentleman* weniger Gewicht auf das Wissen als auf die Tugend, weniger auf das Studium der Wissenschaften als auf das *savoir vivre*, weniger auf das Vielwissen als auf die Aktivität des Lernens. Das lässt ihn – anknüpfend an Montaignes (1533–1592) Polemik gegen die Pedanterie – einerseits den Erziehungs- und Schulbetrieb seiner Zeit kritisieren und das dort herrschende Kuddelmuddel eines leeren Wort- und Sprachgebrauchs heftig geißeln sowie andererseits das neue didaktische Programm *res, non verba* (Dinge, nicht Worte) formulieren. Im Hinblick auf ein tugendhaftes Leben wertet Locke Vorschriften zugunsten von Gewohnheiten ab, denn nur die Praxis könne lehren, wie man handeln kann, ohne zu bestimmten Regeln seine Zuflucht nehmen zu müssen. Großes Gewicht misst er der Arbeit und dem Tätigsein bei. Insgesamt liefert Locke einen differenzierten Katalog von Erziehungsratschlägen und -anweisungen, die vom Umgang mit dem kalten Wasser über das Spielen im Freien bis hin zur Ernährung und zum täglichen Speiseplan reichen. Mit seinem verheißungsvollen Versprechen, neun Zehntel dessen durch Erziehung bewirken und beeinflussen zu können, was sich später als Charakter zeigen wird, weckt er einen gewaltigen Erziehungsoptimismus. Dahinter steht bei ihm zum einen die erkenntnistheoretische Grundannahme seines Empirismus: «Nichts ist im Geiste, das nicht zuvor in den Sinnen war», zum anderen aber auch die Absicht, die Erziehung in das aufklärerische Fortschrittsprogramm einzuspannen und die Kindheit als den genuinen «Forschungsgegenstand» einer empirischen Erziehungswissenschaft aufzuschließen und bereitzustellen. Dazu diente ihm eine Revision der anthropologischen Betrachtungsweise in der Art, dass er die traditionelle Frage nach der menschlichen *Seele* umwandte in die Frage nach dem menschlichen *Verstand* und diesen nicht als ein «Wesen», sondern nur als eine «Funktion» auffasste. Dabei diente ihm auch die Berufung auf den von Descartes heraufbeschworenen anthropologischen Dualismus zwischen *res cogitans* (das Bewusstsein) und *res extensa* (der konkreten Leiblichkeit des Menschen). Indem er die physische Seite des Menschen vom Bewusstsein trennte und verdinglichte, machte er sie der empirischen Erforschung zugänglich. Die daraus resultierende erfahrungswissenschaftliche Anthropologie blühte vor allem in Frankreich und in Italien auf. Sie führte einerseits das im Renaissance-Humanismus erwachte Interesse am Menschen und seiner Erforschung weiter, neigte aber dazu, die dort mit seiner Sonderstellung in der Schöpfung begründete «Würde» des Menschen wieder einzuebnen und den Menschen im Gegenteil auf seine psycho-physische Natur zurückzuschrauben. Voltaire hat sich zum lautstarken Sprecher für diese Tendenz gemacht: «Der Mensch ist ein wildes Tier, mit wolligem Haar auf dem Kopf; er geht auf zwei Füßen, ist fast so geschickt wie ein Affe und schwächer als die anderen Tiere seiner Größe; er besitzt einige Ideen mehr als sie und kann diese leichter ausdrücken; im übrigen ist er den genau gleichen Notwendigkeiten unterworfen: er wird geboren, lebt und stirbt wie sie.»

Gegenüber dem Rationalismus von René Descartes, dem Meta-Empirismus von Francis Bacon und dem Empirismus von John Locke vertritt Giambattista Vico (1668–1744) eine ganz andere Sicht des Menschen und ein ganz anderes Verständnis von Aufklärung. Dabei erscheint hier besonders bemerkenswert, dass der napoletanische Rhetorik-Professor seine Auseinandersetzung mit dem Cartesianismus nicht auf dem Feld der Philosophie führt, sondern auf dem der Pädagogik, und zwar anhand der Frage nach Wesen und Weg der menschlichen Bildung. Vico denkt nicht mathematisch, sondern geschichtlich. Der cartesianischen Mathematisierung der Wissenschaft stellt er seine «*Scienza nuova*» («Neue Wissenschaft») entgegen, die mit ihrem vollen Namen in deutscher Übersetzung «Prinzipien einer neuen Wissenschaft über die gemeinsame Natur der Völker» heißt und sich nichts geringeres zum Vorsatz macht, als eine Kulturgeschichte der ganzen Menschheit zu bieten; de Sanctis hat sie mit Blick auf Dante und Boccaccio «die göttliche Komödie der Wissenschaft» genannt. Vicos Geschichte setzt nicht bei der Erschaffung der Welt, sondern erst nach der Sintflut bei Noahs Söhnen ein, und die unmittelbare Folgegeschichte der Sintflut ist für ihn so etwas wie der «universalgeschichtliche Urschlamm» (Erich Auerbach), aus dem Vico nach und nach die kulturellen Grunderrungenschaften der Menschen hervorgehen lässt: Götterverehrung und Altäre, Heirat und Familie, Bestattung und Totenerinnerung. Vico unterscheidet drei große Epochen der Menschheitsentwicklung. In einer ersten Periode der reinen Sinnlichkeit leben die Menschen ungezügelt und leidenschaftlich als «*bestioni*» (wie wilde Tiere), aber auf dem Grunde ihres Herzens hat Gott ihnen schon ein Gespür für das Menschliche eingesenkt, und diese Menschlichkeit äußert sich zuerst in der Erkenntnis ihrer eigenen Grenzen und in der Anerkenntnis von etwas, das über ihnen steht und ihre Erfahrung weit übersteigt. Die primitiven Menschen, mit einer lebhaften Phantasie begabt, bringen bald ihre ersten Mythen hervor. Diese Mythen – der erste ist jener vom Blitze schleudernden Jupiter – sind weder nur ein verwerflicher Irrtum noch stellen sie Wahrheit im Sinne von Wissenschaft dar. Als Produkte der poetischen Phantasie sind sie Ausdruck eines Wahrscheinlichen (*verosimile*); aber dieses Wahr-scheinende wird für die Menschen insofern zu einer praktischen Wahrheit, als sie ihr Handeln an diesen Mythen ausrichten. Auf diese Weise wird der Mythos, also der wahr scheinende Erklärungs- und Selbstentwurf der Menschen zur Richtschnur ihres praktischen Handelns. Erst auf einer dritten Stufe kommt das rationale Moment hinzu: «Zuerst empfinden die Menschen ohne wahrzunehmen; dann merken sie auf mit überraschter und bewegter Seele; zuletzt reflektieren sie mit klarem Geiste.» Oder anders gesagt: «Dies ist die Entwicklung der menschlichen Dinge: erst waren die Wälder, dann die Hütten, dann die Städte und zuletzt die Akademien.» Aufgrund seiner erkenntnistheoretischen Prämisse *verum et factum convertuntur* (Wahrheitserkenntnis und eine Sache hervorgebracht zu haben fallen zusammen) nimmt Vico jedoch zwei Bereiche von der menschlichen Erkenntnisfähigkeit aus: *die Natur und Gott* – die Natur, weil nicht der Mensch sie gemacht hat, sondern Gott; Gott, weil eine Wissenschaft von ihm paradoxerweise bedeuten würde, dass Gott vom Menschen hervorgebracht worden wäre.

Als Ergebnis von Vicos Rekonstruktion der Menschheitsgeschichte ergeben sich wenigstens drei bleibende Einsichten. Das für den Menschen wichtige Wissen ist stets ein praktisches; es gilt dem menschlichen Handeln, seinem Tun, seiner Geschichte. Mag der Mensch gleich nach jener höchsten (theoretischen) Wahrheitserkenntnis *per causas* (aus den Ursachen heraus) streben, über die nur Gott verfügen kann, weil Er alles hervorgebracht und gemacht hat, so beschränkt sich seine Wahrheitserkenntnis doch unübersteigbar auf das vom Menschen selbst Hervorgebrachte: die fiktiven Gebilde von Mathematik und Geometrie sowie die konkrete Wirklichkeit der Geschichte. Im Bereich des menschlichen Handelns versagt das für Mathematik und Geometrie typische «digitale» Richtig oder Falsch; in der geschichtlich-kulturellen Welt des Menschlichen lässt sich auch mit dem deduktiven Schließen und mit der logischen Beweisführung nichts ausrichten; hier regiert das «analog» Wahrscheinliche, nicht *die reine Vernunft*, sondern *das Vernünftige*. Wenn wir jene Rationalität, die dem theoretischen, von der Wirklichkeit des menschlichen Handelns abstrahierenden Wissen entspricht, auf das menschliche Handeln übertragen und uns einen Menschen vorstellen, der sein Leben streng rational plant und gestaltet, dann können wir uns diesen *rational man* mit Bertrand Russell kaum anders denken denn als ein inhumanes Monster.

Seine wahrhaft epochemachende Auseinandersetzung mit dem cartesianischen Rationalismus leistet Vico in den so genannten Inauguralreden, die er jeweils zur Eröffnung des Studienjahres an der Universität Neapel zu halten hatte und aus denen jene des Jahres 1708 mit dem Titel «Vom Wesen und Weg der geistigen Bildung» («*De nostri temporis studiorum ratione*») besonders herausragt. Vico wägt dort die Vor- und Nachteile der auf der cartesianischen Erkenntnistheorie beruhenden «modernen» Studiermethode, wie sie beispielhaft durch Arnaulds «*Art de penser*» und die Schule von Port Royal repräsentiert wurde, und der «alten» rhetorisch-humanistischen Bildung gegeneinander ab. Dabei will er nicht den einen Bildungsweg gegen den anderen ausspielen, sondern beide möglichst so miteinander verbinden, dass die Vorzüge beider für die Bildung der Menschen fruchtbar gemacht werden können.

Die Mathematisierung der Wissenschaft und die dieser entsprechende Verwissenschaftlichung der Bildung – so argumentiert Vico – verkennt und verfehlt die geschichtliche Welt des Menschen und erweist sich daher für die praktische Bildung als höchst «unzweckmäßig». Sie tut nämlich so, als ob die jungen Menschen, wenn sie dem Bildungswesen entkommen und in das Leben eintreten, auf eine Welt vorbereitet sein müssten, die aus Linien, Zirkeln, Zahlen und algebraischen Formeln besteht; die Schule stopft ihre Köpfe mit so hochtrabenden Dingen wie Beweisen, Evidenzen und Wahrheitsschlüssen voll und schätzt das Wahrscheinliche gering, das in viel höherem Sinne «wahr» ist als jene logisch-deduktiven Konstruktionen, insofern es uns die Regeln an die Hand gibt, danach zu urteilen, was denn allen oder zumindest dem größten Teil der Menschen als wahr erscheint. Und es ist schließlich auch die Regel, nach der wir im menschlichen Zusammenleben Streit und Auseinandersetzungen schlichten, Konflikte entschärfen, Kompromisse schließen, Wahlen treffen, Ratschläge erteilen und Zukunftspläne entwerfen. Für die Praxis des menschlichen Lebens und für die dort geforderte Lebensklugheit ist jene praktische Urteilskraft viel wichtiger, die auf einer feinen Sensibilität für das jeweils der konkreten Situation Angemessene beruht und ihre Entscheidungen nach den jeweiligen Umständen, deren Zahl unbegrenzt und deren Vielfalt unermesslich ist, zu richten weiß. Denn die menschlichen Dinge stehen für Vico unter der Herrschaft von Gelegenheit und Wahl und werden meist von Verstellung und Verheimlichung gelenkt, die «in höchstem Maße trügen können». Den entscheidenden Unterschied zwischen den theoretischen Wissenschaften und der praktischen Lebensklugheit erblickt Vico darin, «dass in der Wissenschaft diejenigen groß sind, die von einer einzigen Ursache möglichst viele Wirkungen in der Natur ableiten, in der Klugheit aber diejenigen Meister sind, die für eine Tatsache möglichst viele Ursachen aufsuchen, um dann zu erschließen, welche wohl die wahre ist. Und das ist so, weil die Wissenschaft auf die obersten, die Klugheit auf die untersten Wahrheiten blickt; woraus sich die Unterschiede der Charaktere und Merkmale des Dummen, des ungebildeten Schlaukopfes, des unklugen Gelehrten und des Mannes der Klugheit ergeben.»

Die Aufklärungspädagogik der deutschen Philanthropen (Johann Bernhard Basedow, Johann Heinrich Campe, Christian Gotthilf Salzmann, Ernst Christian Trapp, Peter Villaume u. a.), die allesamt keine Denker ersten Ranges waren, hat ihren Schwerpunkt nicht in der theoretischen Klärung, sondern in dem Bemühen um eine Reform von Erziehung und Schule aus dem Geiste der Aufklärung. Dietrich Benner und Herwart Kemper haben in ihr die erste große Welle der «Reformpädagogik» gesehen und sie detailliert als solche dargestellt. Ihr gewaltiges Reformprogramm hat sich in der unter Campes Federführung 1785–1792 von einer Gesellschaft praktischer Erzieher herausgegebenen 16-bändigen «Allgemeinen Revision des gesamten Schul- und Erziehungswesens» – oft verkürzt nur Revisionswerk genannt – niedergeschlagen.

Die Philanthropen (benannt nach dem von Basedow in Dessau gegründeten und «Philanthropin» – also «menschenfreundliche Anstalt» – getauften Erziehungsinstitut, dem neben anderen das ebenfalls bedeutende von Salzmann im thüringischen Schnepfenthal folgte) greifen das alte Kernthema der Tugend erneut auf, bestimmen diese aber in den praktischen Zielbegriffen der Brauchbarkeit und Gemeinnützigkeit. Dabei wird nur wenigen von ihnen – so etwa Peter Villaume (1745–1825) – bewusst,

welche explosive Problematik in der Gleichsetzung der Vervollkommnung des Einzelnen mit seiner Abrichtung für gesellschaftliche Brauchbarkeit steckt. Wenngleich selber vom Pietismus angeregt und beeinflusst, weisen die Philanthropen die
(vom Pietismus rehabilitierte) Erbsündenlehre zurück und sind
von der bisweilen sogar fanatischen Absicht beseelt, die Welt
durch eine neue Erziehung zu verbessern. Sie vertreten – sehr
allgemein formuliert – ein Erziehungsprogramm, das den Menschen durch Vernunft zur Tugend und durch Tugend zur Glückseligkeit führen soll. Da das Böse aus der Unvollkommenheit des Menschen und aus der mangelhaften Disziplinierung
seiner Affekte, Triebe und Begierden hergeleitet wird, konzentriert sich die philanthropische Pädagogik auf das Erlernen
des rechten Vernunftgebrauchs, auf strenge Disziplinierung und
die rationale Beherrschung des affektiven Trieblebens durch
Arbeit und Arbeitsamkeit. Aufgrund der Synchronisierung
von individueller Glückseligkeit und der Vollkommenheit des
Gemeinwesens werden soziale Brauchbarkeit und Nützlich-
keit zu erstrebenswerten Tugenden und zu legitimen Erziehungs-
zielen.

Wenn man die konkreten Erziehungsratschläge der Philanthropen genauer und vor allem kritisch betrachtet, dann spiegelt sich in ihnen verdeckt jene Dialektik der Aufklärung wider,
die daraus erwächst, dass das Wissen über den Menschen und
über die Natur sowohl dazu dienen kann, beide zu verbessern
als auch sie zu beherrschen. Der Baconsche Satz, Wissen sei
Macht und die Kenntnis der Naturgesetze setze uns in Stand,
die Natur zu beherrschen, offenbart die Janusköpfigkeit der
Aufklärung: Die Erziehung als eine menschliche Praxis droht
durch die wissenschaftliche Erforschung des Menschen zu einer
Poiesis denaturiert zu werden. Die Pädagogik kann sich im
Lichte dieser Aufklärung in eine «Schwarze Pädagogik» (Ka-
tharina Rutschky), bisweilen sogar in eine rabenschwarze Ge-
horsamserziehung und drillhafte Abrichtung verkehren und in
eine Technik der Menschenbehandlung und Menschenverferti-
gung ausarten. Diese Aporie zeigte sich bereits bei Basedows
erstem Philanthropin. Während Kant (wohlgemerkt: aus der

Ferne) das Institut lobte und von ihm eine willkommene Revolution des Erziehungswesens ausgehen sah, merkte Herder (aus größerer Nähe) sehr verstimmt an, er würde Basedow keine Kälber, geschweige denn Kinder anvertrauen.

5. Die pädagogische Idee bei Rousseau

Wenn man sagen kann, dass mit Jean-Jacques Rousseau (1712–1778) die Idee der Pädagogik ihren Gipfelpunkt erreicht und zu sich selbst kommt, dann darf das nicht im Sinne eines vollkommenen Neuansatzes verstanden werden. Rousseau verweist ausdrücklich auf wichtige Vorgänger, allen voran Platon und in der neueren Zeit Locke. Viele der von Rousseau erteilten praktischen Erziehungsratschläge stammen gar nicht von ihm, sondern waren Gemeingut der reformfreudigen Pädagogik seiner Zeit. Gleichwohl spricht Rousseau davon, er bearbeite eine ganz neue Materie und glaube, dass sie auch nach seinem Buche noch neu sein werde. Das hier gemeinte Buch ist Rousseaus pädagogisches Hauptwerk, das seinen neuen Anspruch schon im Titel zum Ausdruck bringt: «*Émile ou de l'éducation*» («Emile oder Über die Erziehung»). Die Betonung liegt dabei auf dem Artikel «die», denn Rousseau thematisiert wohl zum ersten Male die Erziehung selbst als einen eigenen Gegenstand. Er behandelt sie nicht mehr wie seine Vorgänger theoretisch als einen Annex von Philosophie oder Theologie und inhaltlich-praktisch nicht mehr von irgendeiner religiösen oder politisch-gesellschaftlichen Funktion her, also nicht als «im Dienste von etwas stehend». Die Bestimmung des Menschen selbst wird zum Bestimmungsgrund der Erziehung: «In der natürlichen Ordnung, in der die Menschen alle gleich sind, ist ihr gemeinschaftlicher Beruf der Zustand des Menschen; und wer zu diesem Beruf gut erzogen ist, kann diejenigen Berufe nicht übel erfüllen, die sich auf ihn beziehen. ... Leben ist der Beruf, den ich ihn lehren will.» (*Oeuvres complètes* IV, S. 251)

Rousseau entwickelt die pädagogische Idee nicht in Form eines geschlossenen Systems, sondern er trägt sie in einem offenen Philosophieren voller Paradoxien vor. Die neue Materie erfordert offenbar eine neue Form der Darstellung. Sein Buch schildert die Vision einer geglückten Erziehung, wie sie nie stattgefunden hat und vermutlich nie stattfinden wird: die sich über 25 Jahre erstreckende Erziehung des Knaben Émile von seiner Geburt bis zu seiner Heirat mit Sophie. Émile steht dabei stellvertretend für das menschliche Kind schlechthin, genauso wie dessen Erziehung für die menschliche Erziehung überhaupt modellhaft Gestalt gewinnt.

Trotz des höchst anschaulichen und bis in kleinste Details hinein konkret beschriebenen Erziehungsganges, der streng der natürlichen Entwicklung des Kindes folgt, betont Rousseau im Vorwort ausdrücklich, dass es sich nicht um ein Handbuch handelt, dessen Anweisungen angewandt werden könnten, geschweige denn angewandt werden sollten. Der «*Émile*» ist vielmehr eine höchst kunstvoll komponierte literarische Fiktion und versteht sich in gewisser Weise als ein das Nachdenken provozierender Gegenentwurf zur üblichen Erziehung. Im Vorwort heißt es dazu: «Man wird weniger eine Abhandlung über die Erziehung zu lesen glauben als vielmehr die Träumereien eines Menschen, der Visionen von der Erziehung hat. Was ist da zu tun? Ich schreibe nicht über die Ideen eines anderen, sondern über meine. Ich sehe die Dinge nicht so wie die anderen Menschen; das hat man mir schon lange vorgeworfen.»

Hatte die Pädagogik vor Rousseau die Paradoxien der menschlichen Existenz eher verdeckt, so treten sie bei ihm als unaufhebbare Spannungen hervor, die der menschlichen Existenz selbst innewohnen: der Widerspruch zwischen Freiheit und Determiniertheit, von Individuum und Gesellschaft, von Vernunft und Gefühl etc. Was ist aber das revolutionär Neue an Rousseaus Sicht auf die Erziehung? Wenn überlieferte Gewissheiten im Hinblick auf die Zukunft – der Gesellschaft und der Stellung des Heranwachsenden in ihr – brüchig werden, dann kann sich die Erziehung nicht mehr an einer «künftigen Bestimmung» des Kindes ausrichten; dann muss vielmehr umgekehrt die prinzipielle Unvorhersehbarkeit der Anforderungen und die grundsätzliche Offenheit der Zukunft den Ausgangspunkt der pädagogischen Überlegungen bilden. Unter diesen gewandelten Bedingungen müssen in der Tat alle pädagogischen Fragen neu gestellt, neu durchdacht und neu beantwortet werden. Und insbesondere gewinnt die Bestimmung des Zieles der Erziehung eine ganz neue Dimension: die Dimension des Menschseins schlechthin.

Rousseaus Grundfrage ist die nach der *Natur des Menschen*. Da diese nicht offen darliegt, bedient sich Rousseau in seiner «Abhandlung über den Ursprung und die Grundlagen der Entstehung der Ungleichheit unter den Menschen», dem sog. Zweiten Discours von 1755, eines kühnen Gedankenexperiments. Er sieht ab von allen Eigenschaften, die der Mensch im Laufe der Menschheitsentwicklung erworben hat und die jedes Kind erwerben muss, wenn es in der zivilisierten Gesellschaft bestehen will. Er stellt sich einen vorgesellschaftlichen Naturzustand des Menschen vor, der realiter nie existiert hat, nicht existiert und niemals existieren wird. In einen solchen kann man also überhaupt nicht zurückkehren, so dass das Rousseau unterschobene Motto «Zurück zur Natur» eine Verfälschung darstellt, die Rousseau selbst als einen «Schluss nach Art meiner Gegner» bezeichnet hat. Ausgehend von dem Gedankenkonstrukt eines Naturzustandes zeichnet Rousseau die Entwicklung des Menschen vom Naturwesen zum Gesellschaftswesen als einen höchst zwiespältigen und in sich spannungsreichen Vorgang. Die Ambivalenz gründet darin, dass der Mensch alle Eigenschaften, die ihn zum Menschen machen, nicht von Natur aus besitzt, sondern erst in Kultur und Gesellschaft hervorbringen muss: aufrechter Gang, Sprache, Vernunft, Moralität, höhere Gefühle wie Liebe, Vertrauen, Freundschaft etc. Diese *perfectibilité*, die ihn einerseits «kultiviert» werden lässt, bringt andererseits auch jene Spannungen und Widersprüche mit sich, in denen Rousseau die Wurzeln des Bösen erblickt. Im Hinblick auf den Unterschied zwischen Mensch und Tier heißt das: «Wenn man auch wider diesen Unterschied zwischen Menschen und Tieren noch Schwierigkeiten machen könnte, so gibt es dennoch eine besondere Eigenschaft, wodurch sich diese Arten unterscheiden und die außer allem Streit ist, ich meine das Vermögen, *sich vollkommener zu machen.* Ein Vermögen, das, wenn ihm die Umstände zu Hilfe kommen, alle übrigen Fähigkeiten nach und nach entwickelt und sowohl bei unsrer Art im ganzen, als auch bei einem jeden insbesondere anzutreffen ist. Das Tier hingegen wird in seinem Leben nichts anderes, als was es in etlichen Monaten geworden ist, und die ganze Art bleibt nach tausend Jahren in eben dem Zustand, worin sie das erste dieser tausend Jahre war. Wie kommt es, dass der Mensch allein schwachsinnig werden kann? Kommt es nicht daher, weil der Mensch wieder in seinen ursprünglichen Stand zurückkehrt und durch das Alter oder durch andere Zufälle alles wieder verlieren kann, was er durch sein Vermögen, sich vollkommener zu machen, erlangt hat? Wenn dieses geschieht, so muss er noch tiefer fallen als das Vieh, denn da dieses nichts erlangt, so kann es auch nichts verlieren und bleibt immer bei seinem Instinkt.» (*Schriften* I, hg. von H. Ritter, S. 204)

Die Wurzel für die Möglichkeit, die menschlichen Eigenschaften zu entwickeln, ist zugleich die Wurzel ihres Missbrauchs. Die Sprache kann sowohl zur bewundernswertesten Literatur werden wie zur verachtenswürdigsten Lüge, die Philosophie kann die tiefsten Gedanken fassen wie die Menschen betrügen und in die Irre führen, die Liebe gebiert Eifersucht, der Wohlstand Neid, die Geselligkeit die Intrige etc. Menschwerdung selbst ist ein Vorgang der Entfremdung (*aliénation*) des Menschen: Zum einen ist sie die notwendige Überwindung der ursprünglichen Tierheit, zum anderen gefährdet und bedroht sie jene fraglose Übereinstimmung des natürlichen Menschen mit sich selbst (*identité*). Die Aufgabe der Erziehung, wie sie Rousseau im «*Émile*» entwirft, mutet geradezu an wie eine Quadratur des Kreises: Sie soll den natürlichen Menschen in Kultur und Gesellschaft einführen, ohne dass er seiner Identität verlustig geht, und sie soll ihm zu einer Identität verhelfen, die angesichts der kulturellen und gesellschaftlichen Gegebenheiten dauerhaft gar nicht mehr möglich, sondern allenfalls noch punktuell erreichbar ist. «Macht den Menschen eins mit sich selbst, und ihr werdet ihn glücklich machen, so weit er es sein kann.» (*Fragments politiques* VI, 3)

Im Hinblick auf das Problem der *Entfremdung* geht Rousseau, ähnlich wie die Stoiker und analog zu Comenius, von der konkreten Erfahrung der Verfehlung und dem faktischen Zurückbleiben des Menschen hinter seinen Möglichkeiten aus. Er greift die seit der Antike gestellte Frage nach der Differenz von wirklicher und möglicher Existenz erneut auf und rückt sie nun in das Zentrum der Selbstauslegung des neuzeitlichen Menschen. Dabei verwirft Rousseau die Antwort der antiken Pädagogik ebenso wie die mittelalterlich-christliche und verweist den Menschen nicht auf eine höhere Ordnung, sondern auf ihn selbst und seine Fähigkeit der Selbsthervorbringung. Rousseau spitzt den Renaissance-humanistischen Gedanken der Selbstbestimmung in einer an Joachim de Fiore gemahnenden Weise weiter zu: Erziehung wird verstanden als *restitutio* (lat.: Wiederherstellung), d. h. als die diesseitige Wiedereinsetzung des Menschen in den Gnadenstand und die damit verbundene Hoffnung auf die Wiederherstellung einer gottgewollten Ordnung kraft der Anstrengungen der Menschen selbst.

Diese Neufassung der pädagogischen Idee führt Rousseau konsequent in seinem offenen Brief an den Pariser Erzbischof Christophe de Beaumont von 1763 zur Ablehnung der Erbsündenlehre, welche die Verderbnis des Menschen als Folge eines vor der Geschichte liegenden Ereignisses (dem Sündenfall Adams im Paradies) erklärt und ihre Heilung erst nach der Geschichte in Aussicht stellt (nämlich beim Jüngsten Gericht). «Sünde» ist für Rousseau nicht ein Zustand des Menschen, sondern das Böse resultiert aus den Taten der Menschen in der Welt; diese «Kontingenz des Bösen» (Paul Ricœur) lässt dieses daher grundsätzlich als vermeidbar und heilbar erscheinen: «*Sanabilibus aegrotamus malis*». Dieses dem «*Émile*» als Motto vorangestellte Zitat aus Senecas Schrift «Vom Zorn» («*De ira*», II, c. 13) lautet vollständig: «Wir leiden an heilbaren Krankheiten, und die Natur hilft uns, die wir zum rechten Dasein geschaffen sind, wenn wir uns nur bessern lassen wollen.»

Menschheitsgeschichtlich projiziert Rousseau das Problem der Entfremdung als den Widerspruch zwischen einer gedachten «natürlichen» und der faktischen «gesellschaftlichen» Existenz. Seine Kulturkritik entspringt der These, die Gesellschaft des *bourgoise* produziere im Gegensatz zur Polis des *citoyen* «doppelsinnige Menschen» (*hommes doubles*), die nicht in Einklang mit sich selber leben und deshalb ein gesellschaftliches Klima erzeugen, in dem Verstellung, Lüge, Neid, Egoismus und Habsucht gedeihen. Der marxistische Humanist Bogdan Suchodolski hat dieses Dilemma in die ebenso lapidare wie nachdenkenswerte Frage gefasst: «Warum ist der Mensch so groß, und warum sind die Menschen so klein?»

Das pädagogische Problem der *Identität*, das Rousseau neben jenem der Entfremdung als zweites aufwirft, findet bei ihm selbst keine eindeutige Lösung; es stehen – abermals paradoxerweise – drei Modelle nebeneinander. An die Seite einer guten Gesetzgebung, wie Rousseau sie im Sparta Lykurgs realisiert sah, tritt erstens das *Modell der öffentlichen Erziehung*. Diese gründet sich auf die vollständige Übereinstimmung von natürlicher und gesellschaftlicher «Natur», wie Rousseau sie in dem Polisbürger (*citoyen*) in Platons Staat idealiter verkörpert sah: Die politische Erziehung als Auslöschung der «natürlichen» Natur des Menschen bringt es zu einer widerspruchsfreien Existenz, weil Pflicht und Neigung nicht mehr miteinander kollidieren. Diese Lösung wird von Rousseau aber nur als eine hypothetische betrachtet, weil sich die Wirklichkeit der antiken Polis und die Harmonie von *patrie* (Vaterland) und *citoyen* (Bürger) in der Neuzeit nicht wieder herstellen lassen. Grund dafür ist der von Augustinus proklamierte christliche Universalismus, der streng genommen keinen Staatsbürger kennt, sondern den Menschen auf zwei verschiedene Ziele hin verpflichtet: auf Gott und auf den Staat bzw. auf die *civitas dei* und die *civitas terrena*. Rousseau nimmt damit in kritischer Distanz die Zweiweltenlehre der Reformation auf, die den Menschen zum Bürger zweier Reiche erklärt: des irdischen und des himmlischen.

Von dem zweiten *Modell der natürlichen Erziehung* sind wirkungsgeschichtlich die stärksten Impulse ausgegangen, obwohl es bei Rousseau selbst hinter seinem eigentlichen Ideal der öffentlichen Erziehung deutlich zurücktritt, an dem er auch lange nach dem «*Émile*» festgehalten hat, so z. B. in den «Betrachtungen über die Regierung von Polen». Diese Idee der Erziehung als eines bloßen Wachsenlassens resultiert aus der lediglich gedachten Identität des *homme de la nature* (Naturmenschen) und kommt bei Rousseau insgesamt nur andeutungsweise vor. Diese Andeutungen beschränken sich allein auf die ersten beiden Bücher des «*Émile*» und illustrieren dort die Analogie, wohlgemerkt: die bloße Ähnlichkeit zwischen den naturhaften Wachstums- und Reifungsprozessen und den Anfängen der kindlichen Entwicklung. So sehr einerseits die naturalistischen Metaphern und Analogien ein organologisches Missverständnis der Erziehung nahe legen könnten, kommen andererseits Natur und mit ihr gebildete Komposita im Sinne von individueller Eigentümlichkeit, Naturell oder gar von natürlichen Anlagen bei Rousseau allenfalls am Rande vor. Die Rousseau von manchen Interpreten und von der Alltagsmeinung unterstellten Begriffe «naturgemäße Erziehung» oder «natürliche Entwicklung» finden sich in dieser Form bei ihm überhaupt nicht.

Die Popularität des Modells einer natürlichen Erziehung wird offenkundig einer fehlgeleiteten Rezeption geschuldet. Diese ist einerseits mit der (bis heute üblichen) auf die beiden ersten Bücher beschränkten «*Émile*»-Lektüre zu erklären, und sie ist andererseits eng mit einer im 19. (Romantik) und dann wieder im 20. Jahrhundert (Reformpädagogik und ihre Wiederbelebungen) vorherrschenden Vorstellung von einer natürlichen Entwicklung des Kindes verbunden.

Das dritte und wichtigste *Modell der eigentlichen Erziehung* tritt bei Rousseau dort zu Tage, wo er jenseits der bloßen Pflege und Unterstützung kindlicher Reifungsprozesse den Menschen als ein moralisches Wesen in den Blick nimmt und ihn klar vom Naturmenschen unterscheidet. In dem genannten Zweiten Discours wird der Unterschied zwischen den beiden Erscheinungsformen des Menschen, derjenigen der Natur und jener der Geschichte, scharf markiert und dabei deutlich gemacht, dass der Übergang des Naturmenschen zum mora-

lischen Menschen kein natürlicher Prozess ist. An die Stelle
eines dort stillschweigend geregelten und schlafwandlerischen
Daseins unter den unverrückbaren Bedingungen des Naturzu-
stands tritt hier das Prinzip des ausdrücklichen Sich-selbst-
Regierens. Die rechte Weise der menschlichen Selbsterhaltung
unter den Bedingungen der Geschichte ist nicht mehr Spontaneität des Verhaltens, sondern eine aus der Reflexion entsprin-
gende Lebensführung *kraft Vernunft, Freiheit und Sprache.*
Denn «vor dem Erwachen der Vernunft gibt es keine wahre
Erziehung für den Menschen» (*Julie ou la Nouvelle Heloise,*
in: *Oeuvres complètes* II, S. 566).

Das von Rousseau ausgearbeitete «Programm theoretischer
und praktischer Urteilsbildung» (Dietrich Benner) will das
Gleichgewicht zwischen individuellem Können, erworbenen Fähigkeiten und induzierten Bedürfnissen, also zwischen erreich-
tem Entwicklungsstand (*constitution*) und äußeren Anforderungen (*conditions*), herstellen, und zwar nicht nur am Anfang
und am Ende des Erziehungsprozesses, sondern in jedem Augenblick des voranschreitenden Lebens. Insofern beschreiben
die fünf Bücher des «*Émile*» ein dramatisches Gestaltungsge-
schehen, das sich aufgrund von tausenderlei Umständen und
unzähligen nicht kalkulierbaren Ursachen, die aber in diesem
Zusammenhang unbedingt bedacht und berücksichtigt werden
müssten, letztlich als nicht völlig (und auch nicht wissenschaftlich) beherrschbar erweist und wahrscheinlich jene Widersprüche miterzeugt, die die Gesellschaft durchziehen und die wir
täglich in uns selbst verspüren.

Wie sehr Rousseau die Identität des modernen Menschen ihrerseits nur als eine hypothetische annimmt, macht er in dem als
Fortsetzung des «*Émile*» verfassten Fragment «Émile und Sophie oder Die Einsamen» deutlich. Émile und Sophie sind längst
wieder geschieden, leben getrennt in Einsamkeit und gehen beide für sich ihren beruflichen Tätigkeiten nach. Die Erziehung
von Émile erscheint dennoch geglückt, weil der weise gewordene Tischler Émile trotz aller gesellschaftlicher Widerwärtigkei-
ten, persönlicher Schicksalsschläge und privater Enttäuschun-
gen «bei sich» ist und bleibt.

So scheinbar resigniert und skeptisch Rousseau endet, so mächtig belebt sein hypothetisches Gedankenexperiment, *die Differenz von wirklichem und möglichem Menschen durch Erziehung aufzuheben,* die Pädagogik bis auf den heutigen Tag. Thomas Davidson hat wohl richtig geurteilt, als er meinte: «Wollte man alle Erzieher und Pädagogen aufzählen, die durch die Lehren Rousseaus beeinflusst worden sind, dann hätte man die Geschichte der ganzen modernen Pädagogik zu schreiben.» (*Rousseau and Education According to Nature,* New York 1970, S. 241)

6. Die Pädagogik nach Rousseau

Wenn jemand den Gedanken eines anderen folgt, sagen wir umgangssprachlich gerne, er wandle im Schatten seines Vorgängers. Das Bild des Schattens kann dabei leicht negative Assoziationen wachrufen, und in der Tat sind diese immer dann berechtigt, wenn jemand einem Vorgänger in der Weise epigonenhaft «nachfolgt», dass er dessen Gedanken schlicht nachbetet und dessen Taten bloß nachahmt. Der italienische Kulturphilosoph Benedetto Croce (1866–1952) hat genau in diesem Sinne zwischen guten und schlechten Schülern unterschieden. Die schlechten Schüler äffen ihren Meister nach und wiederholen seine Ideen und Gedanken – die einen mit einem positiven Vorzeichen, d. h. durch bloßes Repetieren, die anderen mit einem negativen, d. h. durch rebellische Ablehnung. Die guten Schüler heben sich von den schlechten dadurch ab, dass sie die Probleme des Meisters in einem neuen Licht aufnehmen, sie aus einer anderen Perspektive betrachten und sich vor allem den Fragen zuwenden, die jener nicht zu beantworten vermocht hat. Unter diesem Doppelaspekt lässt sich sagen, dass die Pädagogik des 19. und 20. Jahrhunderts sowohl im Schatten wie im Lichte Rousseaus steht und sich von daher darstellen und interpretieren lässt. Rousseau hatte gute und schlechte Schüler. Zum Glück überwogen die guten, wenngleich die schlechten bisweilen mehr Erfolg bei dem breiten pädagogischen Publikum geerntet haben als die guten.

Pestalozzi und das Problem einer Methodisierung der Erziehung

Einer der ersten, die sich von der Lichtgestalt Rousseaus blenden und anziehen ließen, war der Schweizer Volksschriftsteller und Volkserzieher Johann Heinrich Pestalozzi (1746–1827). Bei ihm ging die Faszination durch Rousseau so weit, dass er seinen Sohn Jakob nach ihm benannte und bei dessen Erziehung die Ratschläge Rousseaus Punkt für Punkt anzuwenden versuchte. Pestalozzi lieferte so wider Willen das Beispiel einer schwerwiegenden Fehlinterpretation. Nicht nur, dass er den hypothetischen Charakter der Rousseauschen Pädagogik (zunächst) völlig verkannte, auch die praktische Anwendung der Rousseau'schen Erziehungsratschläge musste bei seinem Sohn auf tragische Weise scheitern. Sie führte geradezu in eine existentielle Katastrophe. Das von Pestalozzi hinterlassene Tagebuch der Erziehung seines Sohnes gehört zu den erschütterndsten Dokumenten der abendländischen Erziehungsgeschichte.

In seiner Jugend stark vom Züricher Pietismus geprägt und von daher einem praktischen Christentum zugeneigt, politisch im Sinne der freiheitlich-schweizerischen Tradition beeinflusst, tief beeindruckt von den Versuchen der Wiedertäufer und der Böhmischen Brüder, Unterricht und Erziehung mit Land- und Industriearbeit zu verbinden, suchte Pestalozzi an die von Rousseau verkündete *Pädagogik der Hoffnung* praktisch anzuknüpfen. Dabei schien ihm die erzieherische Arbeit mit Kindern einen geeigneten Weg zu verheißen, Zwang und Freiheit auszugleichen und wahre Menschlichkeit von Grund auf aufbauen zu können. Die Rousseau'sche Vision des naturhaft guten Menschen schien der Erziehung gewaltige methodische Möglichkeiten zu eröffnen. Die Handarbeit schien sich im Hinblick auf das Problem der gefährdeten Identität als eine mögliche Vermittlung von Herz und Kopf anzubieten. Pestalozzi eröffnete mit diesen praktischen Erziehungsversuchen, die allerdings allesamt ähnlich kläglich fehlschlugen wie die Erziehung des eigenen Sohnes, die lange Reihe derer, die Rousseaus Widersprüche versöhnen und seine Paradoxien aufheben wollten. Bei dem groß angelegten Erziehungsversuch auf Gut Neuhof im Aargau zielte Pestalozzi darauf, die Kinder auf die neuen ökonomischen Bedingungen der beginnenden Industrialisierung vorzubereiten und zugleich jedes von ihnen seine persönliche Freiheit und Menschenwürde finden zu lassen. Das Unternehmen zerbrach an der Selbstsucht und an den Eigeninteressen der Beteiligten. Nach diesem Debakel und nach anderen misslungenen Unternehmungen wandte sich Pestalozzi dem Schreiben zu. In seinem erfolgreichen Volksroman «Lienhard und Gertrud» erzählte er das simulierte Experiment einer (gedachten) neuen Schule, die den Grundwiderspruch des modernen Menschen aufheben könnte, der im sozialen Zustand eine Befriedigung sucht, die ihm die Natur nicht mehr geben kann und der die gesellschaftlichen Einrichtungen gleichzeitig als Einschränkungen seiner Freiheit erlebt. Die skeptischen Grundeinsichten, die Pestalozzi aus seiner leidvoll erfahrenen erzieherischen Existenz gewann, verdichten sich in seiner anthropologischen Hauptschrift «Meine Nachforschungen über den Gang der Natur in der Entwicklung des Menschengeschlechts» von 1797 zu der These von drei «Zuständen» im Menschen – dem natürlichen, dem gesellschaftlichen und dem sittlichen –, die Pestalozzi nicht naturalistisch verdinglicht, sondern als Artefakte wahrnimmt, welche drei unterschiedliche «Ansichten» der Erziehung gestatten: die Erziehung als *Werk der Natur*, als *Werk der Gesellschaft* und als *Werk der menschlichen Person*. Damit differenziert er das pädagogische Denken dreifach, zeigt aber gleichzeitig das komplementäre Aufeinanderverwiesensein dieser Perspektiven, indem die im Menschen einander polar (und nicht etwa in einem zeitlichen Nacheinander) zugeordneten Zustände zu seiner Versittlichung und Personwerdung benutzt werden. Die Problematik der Erziehung zeigt sich von daher in einem abgeschatteten Licht: Ihre Aufgabe besteht darin, den Aufschwung des natürlichen und gesellschaftlichen Menschen zur Sittlichkeit hervor-

zurufen, ohne dass sich das jemals didaktisch-methodisch bewirken und von außen bewerkstelligen lässt.

Dessen ungeachtet betrachtet Pestalozzi die Schule nicht nur
als Verlängerung des familiären Schonraums für eine möglichst
ungestörte natürliche Entwicklung des Kindes und nicht nur als
Instrument der gesellschaftlichen Reproduktion oder gar nur
als Umschlagplatz des kulturell akkumulierten Wissens. Vielmehr sucht er nach einer Elementarmethode der intellektuellen,
emotional-ästhetischen und technischen Erziehung, und er tut
das in neuen Erziehungs- und Schulversuchen in Stans (1799),
Burgdorf (1799–1803) und Ifferten. Die Musterschule im
Schloss zu Ifferten wird, trotz aller ihrer organisatorischen und
personalen Mängel und trotz des dort herrschenden und sprich-
wörtlich gewordenen Lehrerstreits, zu einem pädagogischen
Mekka, zu dem reformfreudige Pädagogen und Politiker aus
aller Herren Länder pilgern. In seinem Alterswerk «Schwanen-
gesang» muss sich Pestalozzi allerdings auch das Scheitern dieses Bemühens eingestehen, weil er allzu sehr nur im Mechanischen stecken geblieben ist und ihm lediglich im Hinblick auf
die sittliche Erziehung – literarisch dargestellt in seinem anrüh-
renden «Stanser Brief» – die Vermittlung von Natur, Gesellschaft und personaler Entscheidung, mithin von allseitiger Be-
sorgung, konkretem Handeln und Reflexion gelungen ist.

Kant und der idealische Begriff der Erziehung

Immanuel Kant (1724–1804), der über Rousseau sagt, er sei
von ihm «zurechtgerückt» worden und habe durch ihn die
Menschheit ehren gelernt, wird sich, als er als Philosoph an der
Universität Königsberg auch Vorlesungen über Pädagogik zu
halten hat, auf ärgerliche Weise des desolaten Zustands dieser
Disziplin bewusst. Um den vorherrschenden «Mechanismus in
der Erziehungskunst», also ihre planlose Unregelmäßigkeit und
ihr eher zufälliges Reagieren auf Umstände und Gegebenheiten
zu überwinden, hält Kant ein «judiziöses», d. h. ein selbständig
«urteilendes» Erziehungshandeln für notwendig. Als judiziös
bezeichnet Kant generell ein systematisches Denken, das unter

einer Idee steht. Unerträglich erscheint es Kant, die Erziehung noch länger auf einem bloßen Aggregat von zufälligen und beschränkten Erfahrungen aufbauen zu wollen, denn jeder Windhauch einer neuen Erfahrung könnte diese wegblasen; die Erziehung muss sich endlich auf Grundsätze oder Prinzipien gründen und als ein systematisch «zusammenhängendes Bestreben» betrieben werden, und diesen systematischen Zusammenhang kann nur *eine Idee* bzw. ein idealischer und nicht bloß empirischer Begriff von der Erziehung gewährleisten: «Eine Idee ist nichts anderes, als der Begriff von einer Vollkommenheit, die sich in der Erfahrung noch nicht vorfindet.» (*Über Pädagogik* A 10) Die Kinder nicht dem gegenwärtigen Zustande, sondern «der Idee der Menschheit und deren ganzer Bestimmung angemessen» zu erziehen (*Über Pädagogik* A 17), ist für Kant eine solche regulative Idee. Mit ihr weitet sich der pädagogische Horizont von der individuellen zur Erziehung der Menschheit aus, und deren Berechtigung trägt Kant im zweiten Teil seiner «Kritik der Urteilskraft» vor. Dabei wird – ähnlich wie bei Rousseau – deutlich, dass die Humanisierung des Menschen nicht aus seiner genetisch-naturhaften Vorherbestimmung hervorgehen, sondern – dank der natürlichen Unbestimmtheit des Menschen – nur als geschichtliche Leistung begriffen werden kann: «Die Natur hat gewollt: dass der Mensch alles, was über die mechanische Anordnung seines tierischen Daseins geht, gänzlich aus sich selbst herausbringe, und keiner anderen Glückseligkeit, oder Vollkommenheit, teilhaftig werde, als die er sich selbst, frei von Instinkt, durch eigene Vernunft, verschafft hat.» (*Idee zu einer allgemeinen Geschichte in weltbürgerlicher Absicht*, Dritter Satz)

In methodischer Hinsicht entwirft Kant die pädagogische Wissenschaft als das Ineinander von Idee und Experimenten, von Vernunft und Erfahrung und diktiert ihr damit jenen «Mischcharakter» zu, den Herbart und Schleiermacher weiter ausfalten sollten und der seitdem zur unaufgebbaren Eigentümlichkeit der Pädagogik als Wissenschaft gehört.

Die pädagogischen Neukantianer haben seit der Mitte des 19. und vor allem im 20. Jahrhundert Kants Intentionen weiter-

geführt und sich um die Klärung pädagogischer Prinzipien-
fragen, des Begriffs der Pädagogik und ihres Verhältnisses
zu Philosophie und Psychologie bemüht. Nach Paul Natorp
(1854–1924) hat die Idee der Pädagogik «nicht das Ziel, sondern der Ausgangspunkt, nicht das Ende, sondern der wahrste
Anfang, nämlich Ursprung: Prinzip» zu sein. Die Herbart'sche
Unterscheidung zwischen Ziel und Mitteln als einen mechanischen Fehlschluss zurückweisend, vertritt Natorp das Ineinander von Ziel und Weg, so dass es ein letztbegründetes Ziel gar
nicht geben, sondern dieses nur in der unendlichen sittlichen
Aufgabe des Menschen gesehen werden kann. Bei Richard Hönigswald (1875–1947) wird die Pädagogik am konsequentesten
zur Wissenschaft von ihrem eigenen Begriff und konzentriert
sich auf die Bearbeitung ihrer Grundbegriffe. Diese Grundlegun-
gen gehen aller Erfahrung voraus und sind apriorisch, denn sie
konstruieren die pädagogische Erfahrung nicht im luftleeren
Raum freier Phantasie, sondern bestimmen vielmehr, indem sie
deren Möglichkeit erörtern, die Voraussetzungen ihrer Wirklichkeit. Hönigswald versteht Erziehung als die planmäßig gewollte
Überlieferung des Kulturbestandes an die nachfolgende Generation im Spannungsfeld der Begriffe Kultur und Subjekt. Dabei
versteht er Kultur als ein System objektiver Geltungswerte und
die subjektive Aufgabe als die Anerkennung von Geltungswerten
in Werk und Gesinnung. Bei Alfred Petzelt (1886–1967) und seinen Schülern Marian Heitger (geb. 1927) und Wolfgang Fischer
(1928–1998) tritt viel stärker das normkritische Moment dieser
Prinzipienwissenschaft hervor. Petzelt kritisiert eine (rein) empirische Erziehungswissenschaft dafür, dass sie der Beständigkeit
von Prinzipien ermangelt. Um Verführung, Manipulation und
Indoktrination zu bannen und um von der *quaestio facti* (Wie?)
zur *quaestio juris* (Warum und weshalb?) fortzuschreiten, tun
Prinzipien not. Das Eigenrecht der pädagogischen Fragestellung
leitet Petzelt aus der Natur des Ich ab; dieses ist Aktivität, und
der einzelne Akt verhält sich zu dieser wie die Tatsache zum Prinzip: «Das Ich bleibt Einheit, die nicht aufhört, sich zu einigen,
d. h. sich widerspruchslos gültig zu halten.» (*Subjekt und Subjektivität*, 1997, S. 37) Um der drohenden Inhaltsleere pädagogi-

scher Prinzipien zu entkommen, nimmt der Neukantianer Petzelt als zugleich christlicher Denker eine an Nikolaus von Kues gereifte Anthropologie auf, welche die Natur des Ich als eine vermittels ihrer Bindung an den (zeitlos-ewigen) Logos Ordnung schaffende Aktivität fasst. Bei Heitger äußert sich diese Logosbindung in einer Pädagogik des Dialogs; bei Fischer führt das sokratische Motiv der Skepsis am Ende dazu, die systembildende und ordnungsstiftende Funktion der Pädagogik zurückzunehmen und alle Wahrheits- und Gewissheitsansprüche in Frage zu stellen.

Herbart und die Moralität als höchster und ganzer Zweck der Erziehung

Johann Friedrich Herbart (1776–1841) sieht noch stärker als Kant die Notwendigkeit einer pädagogischen Berufswissenschaft für die professionellen Erzieher und den aufkommenden Lehrerstand. In Lockes Erziehung des Gentleman erblickt er die Gefahr der Weltverfallenheit, in Rousseaus utopischer Pädagogik jene der Weltflucht. Demgegenüber strebt er nach einem pädagogischen Realismus, der sich auch von Kants transzendentalem Idealismus abhebt, indem er die realen Möglichkeiten des tatsächlichen Erziehungsprozesses und nicht nur seine transzendentalen Voraussetzungen klären will.

Nach Herbarts Ansicht kommt das Kind willenlos zur Welt und bar jedes sittlichen Verhaltens. Bevor sich im Kinde ein entschlussfähiger Wille herausbildet, entwickelt sich in ihm zunächst «ein wilder Ungestüm, der hierhin und dorthin treibt, der ein *Prinzip der Unordnung* ist, die Einrichtungen der Erwachsenen verletzt, und die *künftige* Person des Kindes selbst in mannigfache Gefahr setzt» (*Allgemeine Pädagogik*, Erstes Buch, erstes Kapitel, Abschnitt I). Dieses Ungestüm gilt es zu unterwerfen, und diese Unterwerfung geschieht auch durch Gewalt. Dabei meint «Unterwerfen» nicht ein völliges Ersticken der kindlichen Spontaneität, denn ohne diese könnte das Geschäft der Erziehung gar nicht eröffnet werden. Da der kindlichen Spontaneität jedoch die Ordnung eines festen Willens fehlt, ist dieser Mangel zunächst durch strenge «Regierung», sodann durch

Unterricht, näherhin durch einen «erziehenden Unterricht» auszugleichen. Dieser erklärt sich aus Herbarts Psychologie. Gegenüber einer älteren psychologischen Lehrmeinung, die von unterschiedlichen psychischen Vermögen ausging, vertritt Herbart
den Standpunkt, dass alles seelische Geschehen Vorstellungsge-
schehen ist. Aus dem Verhältnis der Vorstellungen zueinander
und aus bestimmten Vorstellungskonstellationen ergeben sich
bestimmte Gefühle, Begehren und Willensakte. Die Beeinflussung der kindlichen Gefühle, Begehren und Willensakte verläuft
also über die «Manipulation» und Beeinflussung der Vorstellungen, und der Traum von einer vollständig ausgearbeiteten
Psychologie und Pädagogik gipfelt bei Herbart in einer Art
Landkarte des menschlichen Geistes, auf der alle Wege von Vorstellungen zu Gefühlen und schließlich zu Handlungen verzeich-
net wären, so dass am Ende eine Mechanik des Geistes *more mathematico* (lat.: nach Art der Mathematik) vorläge. In der Vorre-
de zu seiner «Psychologie als Wissenschaft» meint Herbart, die
Vorgänge in der menschlichen Seele hätten «mit den Gesetzen
des Stoßes und Drucks immer noch mehr Ähnlichkeit als mit den
Wundern der vorgeblich unbegreiflichen Freiheit». Da uns über
diese mechanischen Vorgänge noch viel zu wenig bekannt ist,
sieht Herbart hier auf die «dunkle Seite» der Pädagogik und bemerkt mit Bedauern, dass mancher Erzieher ob dieses Dunkels
gar nicht merke, dass er auf einem Instrument spielt, dem die Sai-
ten fehlen. Eine mathematische Psychologie hätte daher aufzu-
zeigen, welche Einwirkungen welche Erfolge zeitigen. Eine «rea-
listische Pädagogik» hätte ihre Forschung darauf zu richten, wie
die Vorstellungen, die der Lehrer durch seinen Unterricht den
Schülern vermittelt, bis in die Sitten, bis in den Willen, bis in das
Ich des Zöglings einwirken können. Und es sei geradezu die Nagelprobe wahrer Metaphysik und Psychologie, «dass sie das pädagogische Kausalverhältnis begreiflich macht» (*Über das Verhältnis des Idealismus zur Pädagogik*).

Von der Rousseau'schen Paradoxie von Determinismus und
Freiheit ausgehend, besteht die Frage – pädagogisch gewendet
– für Herbart darin, wie es zu bewerkstelligen sei, dass sich der
Wille des Zöglings *in Freiheit an das Sollen bindet*. Während

bei dem Versuch, dieses Problem zu lösen, für Herbart die einen irrigerweise die Form des Gebots an die Stelle des Inhalts schieben (Kant), andere erfahrungslose Begriffe verwenden (Fichte), wieder andere das Nützliche (Locke) oder das Angenehme (Hedonismus) mit dem Guten verwechseln oder gar nur den herrschenden Konventionen folgen, markiert Herbart eine «leere Stelle» zwischen dem als Befehl erscheinenden Guten und dem freiwillig gehorchenden Willen. Moralität als der höchste und ganze Zweck der Erziehung würde nicht erreicht, wenn das je befehlende Gute sich kausal-mechanisch aufzwänge oder nur als unentrinnbare logische Notwendigkeit aufträte. Für Herbart muss es – und darin besteht seine originelle Lösung – dem Zögling als «ästhetische Notwendigkeit» begegnen, so dass es von ihm als das Schöne gewürdigt, verstanden und freiwillig ergriffen wird. Auf diese Weise wird aus der rein mechanischen (und Moralität eigentlich unmöglich machenden) Kausalität eine interaktive. An die Stelle einer zwingenden Notwendigkeit und eines blinden Gehorsams tritt ein prüfender Gehorsam, bei dem der Gehorchende den geprüften und reflektierten Befehl zu seinem eigenen macht und sich dadurch *sittlich selbst gebietet.* Die «ästhetische Darstellung der Welt» wird zu dem Hauptgeschäft der Erziehung, besonders jener professionellen des *erziehenden Unterrichts.* Ästhetisch ist diese Darstellung dann, wenn sie die Welt so darbietet, als entspräche sie als eine schöne Welt tatsächlich den «praktischen Ideen» von innerer Freiheit, Vollkommenheit, Wohlwollen, Recht und Billigkeit, in denen Herbart «allerletzte Willensverhältnisse» erblickt, die uns ebenso natürlich gefallen und in Bann schlagen, wie es bei wohlklingenden Tonverhältnissen in der Musik geschieht.

Wirkungsgeschichtlich hat sich freilich weniger diese systematisch ausgearbeitete ethisch-ästhetische Theorie der Erziehung durchgesetzt als vielmehr die in Herbarts «Umriß pädagogischer Vorlesungen» vorgenommene und recht missverständliche Trennung von Ethik als Zielwissenschaft und Psychologie als Wissenschaft von den Mitteln und Wegen der Erziehung. Der italienische Hegelianer Giovanni Gentile (1875–1944) hat deutlich gemacht, dass diese eklektische Zuordnung als eine «reine Künstelei Herbarts» die Interpretation nahe legt, es gehe auf der einen Seite um eine inhaltliche Ethik mit absolut gesetzten Zielen und auf der anderen um eine mechanische Wissenschaft der reinen psychischen Kausalität, denn nur eine solche Zuordnung von vorher festgesetzten Zielen und einer mechanischen Psychologie würde überhaupt Sinn machen. Eine derartige Trennung müsste jedoch die Einheit der Pädagogik sprengen und eine tiefe Kluft zwischen einer normativen Wissenschaft von den Zielen und einer empirischen von den Mitteln und Wegen aufreißen. Eine normative Pädagogik (ohne empirischen Bezug) und eine empirische Erziehungswissenschaft (unter Ausklammerung der Erziehungsphilosophie) träten unversöhnlich auseinander.

Da Herbart auf die Ausarbeitung einer solchen Psychologie als Wissenschaft *more mathematico* und in Analogie zur Physiologie viel Kraft verwendet und dem Idealismus wiederholt «das Verkennen des psychologischen Mechanismus» vorgeworfen hat, haben die Herbartianer diese Seite sehr hochgeschätzt und Herbarts Gedankengut auf eine Unterrichtslehre zugeschnitten, die dann in Form eines didaktischen Dirigismus z. B. als Formalstufen jedes Unterrichts und als Kulturstufentheorie des Lehrplans zum Handwerkszeug der Lehrer des 19. und 20. Jahrhunderts geworden ist. Herbart hatte sogar die umfangreichste pädagogische Theorie insofern als begrenzt angesehen, als sie stets nur allgemeine Sätze formulieren und die Erkenntnis und Behandlung des konkreten Einzelfalles dem Talent und dem Takt der Erziehenden und Lehrenden anvertrauen muß. Deshalb vertrat er auch die Meinung, die künftigen Praktiker lernten in der Theorie stets zu viel (im Hinblick auf den einzelnen Fall) und gleichzeitig zu wenig (im Hinblick auf die Vielzahl und Verschiedenheit möglicher Fälle). Den Herbartianern – allen voran Tuiskon Ziller (1817–1882), Karl Volkmar Stoy (1815–1885) und Wilhelm Rein (1847–1929) – ging es darum, die Herbart'sche Pädagogik zu «didaktisieren» und zu einer Unterrichtslehre zu vereinfachen, mit der auch weniger Begabte erfolgreich unterrichten konnten. Dieser Herbartia-

nismus blieb bis weit in das 20. Jahrhundert hinein wirksam
und hat die Schule nicht nur hierzulande stark geprägt.

Schleiermacher und die Vermittlung von Theorie und Praxis

Von einer ähnlichen soziokulturellen Ausgangslage her wie
Herbart entwirft der protestantische Theologe Friedrich Daniel
Ernst Schleiermacher (1768–1834) seine wissenschaftliche
Theorie der Erziehung. Dabei geht er nicht wie Herbart von
einer Dichotomie von Mitteln und Zwecken aus, sondern ihn
leitet der Gedanke einer dialektischen Vermittlung von Theorie
und Praxis, genauer: der ethischen Idee des höchsten Gutes und
ihrer geschichtlichen Konkretisierung in der empirischen Wirklichkeit von Politik und Pädagogik. Er fragt, für wen es denn
überhaupt einer (wissenschaftlichen) Theorie der Erziehung bedürfe. Eine solche Theorie hält er weder für die Eltern und für
die Erziehung in der Familie noch für die zu seiner Zeit in den
höheren sozialen Schichten üblichen Hauslehrer für notwendig,
aber auch nicht vorrangig für die Lehrer an öffentlichen Schulen. Schleiermacher weitet von vornherein den pädagogischen
Horizont auf das Generationenverhältnis aus und formuliert in
der Einleitung zu seinen Pädagogischen Vorlesungen von 1826
seine Ausgangsfrage dahingehend, was denn eigentlich die älte-
re Generation mit der jüngeren wolle. Und weiter fragt er, wie
dann die Tätigkeit dem Zweck und wie das Resultat der Tätigkeit entsprechen werde.

Erziehung fällt für Schleiermacher in das Gebiet der Ethik
und wird von Grund auf als eine *ethische Praxis* verstanden.
Ethik meint dabei aber nicht ein Rezeptbuch dafür, wie Menschen handeln sollen («Sollensethik») oder welche Tugenden sie
sich erwerben sollen («Tugendethik»), sondern sie thematisiert
den geschichtlich zu rekonstruierenden Versuch, mit Hilfe der
menschlichen Vernunft das kulturelle Zusammenleben in seinen
vier Bereichen von Staat, Kirche, Wissenschaft und Geselligkeit
zu gestalten und vernünftig zu «organisieren». Vor einem pla-
tonisch-christlichen Hintergrund gerät Schleiermachers philo-

sophische Ethik zu einer umfassenden Geschichtsmetaphysik. Diese interpretiert die gesamte Geschichte als Widerstreit von Kräften, die sich aus der ursprünglichen (vor dem Beginn der Geschichte gegebenen) transzendenten Einheit Gottes als des sich in die von ihm hervorgebrachte (geschichtliche) Welt entäußernden Schöpfers in polare Gegensätze ausfalten, welche ihrerseits wiederum am Ende der Geschichte auf eine Wiederversöhnung in der Idee des höchsten Gutes drängen. Den Rückblick auf die ursprüngliche Identität der Gegensätze in Gott liefert uns die Religion; eine Vorwegnahme der am Ende des Geschichtsprozesses durch das ethische Handeln der Menschen zu bewirkenden Wiedervereinigung dieser Kräfte ermöglicht uns schon jetzt die Kunst.

Als Inbegriff dieser Gegensätze erscheint Schleiermacher die Polarität von Vernunft und Natur, Idealem und Realem, Spekulation und Empirie. Die (platonisch gedachte) Idee des höchsten Gutes markiert den Ziel- und Endpunkt allen sittlichen Handelns als die vollständige Einigung von Vernunft und Natur, von Idee und Wirklichkeit. Wenn einmal die genannten vier Bereiche menschlicher Praxis ihrer ethischen Idee gemäß ausgestaltet und miteinander in vollkommene Harmonie gebracht wären, würde die Erziehung (ebenso wie die Politik) überflüssig. Denn vollkommene Zustände erheischen nur Zustimmung und verlangen nicht mehr nach pädagogischer und politischer Verbesserung. Bis zum Erreichen dieser Vollkommenheit ist Erziehung notwendig. Denn ohne Erziehung wäre der Heranwachsende den zufällig auf ihn einströmenden Eindrücken ausgeliefert, und er würde nur die sittliche Unvollkommenheit seiner Zeit nachahmen, widerspiegeln und verewigen. Die Erziehung bewegt sich also immerwährend in der Polarität von Erhalten und Verbessern. Auch in sich selbst ist die Erziehung in drei einander dialektisch zugeordnete Tätigkeiten gegliedert: Behüten, Unterstützen und Gegenwirken. Keine dieser drei ist ohne die anderen zu denken. Das Behüten bewegt sich noch im Vorhof der eigentlichen Erziehung. Unterstützung ist notwendig, weil der Mensch natürlicherweise zur Trägheit neigt, und sie richtet sich auf alle Aktivitäten des Kindes und Heranwachsenden, die dem ethischen Richtmaß entsprechen und auf die geschichtliche Verwirklichung der Idee des höchsten Gutes unter den je gegebenen Umständen hinzielen. Der Unterstützung kommt pädagogisch der Vorrang zu, weil sie die Selbsttätigkeit des Zöglings fördert und anspornt. Gegenwirkung ist dort unumgänglich, wo das Handeln der Zöglinge dem ethischen Zweck zuwiderläuft, damit dem künftigen Erwachsenen die Sanktionen der gesellschaftlich-kulturellen Mächte erspart bleiben: die Strafen des Staates, die Bußen der Kirche, die Verurteilungen der Wissenschaft und die Missbilligungen der Gesellschaft. Schleiermacher gibt einschränkend zu bedenken, dass Gegenwirkung eigentlich nur im Körperlichen (z. B. in der Medizin) möglich, im Geistigen dagegen nur schwer denkbar ist. Die Erziehung steht noch in einer anderen dialektischen Spannung, welche aus ihrer «Doppelendigkeit» herrührt: Sie soll zum einen die Eigentümlichkeit eines jeden Einzelnen ausprägen helfen und ihn zum anderen tüchtig machen für die Mitarbeit in den Bereichen des kulturellen Zusammenlebens. Zielt sie im einen Falle auf die individuelle Besonderheit, so tendiert sie im anderen eher auf nivellierende Allgemeinheit. Schließlich kennt Schleiermacher auch noch die Dialektik von Fertigkeiten (als äußere Kompetenzen) und Gesinnung (als inneres Handlungsprinzip). Während der Schule bei der Vermittlung von Fertigkeiten ein reiches didaktisch-methodisches Arsenal zur Verfügung steht, entzieht sich die Gesinnungsbildung einer streng geregelten Methodik. Ein Gesinnungswandel erfolgt gewöhnlich aufgrund von ethischer Missbilligung, die ihrerseits Scham weckt, zur Selbstreflexion nötigt und eine personale Entscheidung herausfordert.

Die in der endlichen Welt nur annäherungsweise zu leistende Vermittlung der Gegensätze obliegt den historischen Subjekten, die durch ihr «symbolisierendes», d. h. die Vernunft in der Natur sichtbar machendes, und ihr «organisierendes», d. h. die Natur durch Vernunft gestaltendes Handeln den ethischen Geschichtsprozess vorantreiben. Welt im Sinne der Natur steht dem Menschen nicht als eine in sich geschlossene Wirklichkeit und nicht als ein Aggregat von Dingen gegenüber, sondern wird als Ausdruck subjektiver geschichtlicher Hervorbringungen verstanden. Innerhalb dieses geschichtsmetaphysischen Rahmens entwirft Schleiermacher eine Bildungstheorie der sittlichen Person: «Eitler Tand ist's immer und leeres Beginnen, im Reich der Freiheit Regeln geben und Versuche machen. Ein einziger freier Entschluß gehört dazu, ein Mensch zu sein. Wer den einmal gefaßt, wird's immer bleiben; wer aufhört es zu sein, ist's nie gewesen.» (*Monologen*) Eine Theorie der Erziehung, die bewusst auf die sittliche Autonomie der Person zielt, läßt sich nicht als technologische «Erziehungswissenschaft» konstruieren, sondern findet ihren letzten Bezugspunkt in der Freiheit und im Selbstaufbau der Person. Pädagogik versteht sich dabei als die hermeneutische Auslegung der Idee des höchsten Gutes im Hinblick auf eine empirisch gegebene Erziehungssituation; dabei erscheint der Erzieher als Vermittler, dessen Darstellung des eigenen gebildeten Standpunktes dem Zögling als Anregung und Beispiel dienen kann, die eigene Bildung zu vollziehen. Pädagogik «oszilliert» – so gesehen – permanent zwischen Spekulation und Empirie, und sie stellt realiter die «Anwendung» des spekulativen Prinzips der Idee des höchsten Gutes auf die gegebene erzieherische Wirklichkeit dar. Der Begriff der «Anwendung» ist dabei aber insofern missverständlich, als es nicht in einem technologischen Sinne um eine mechanische Anwendung der Theorie in der Praxis geht, sondern allenfalls um eine «reflexiv-kritische». Die der Theorie (zeitlich) immer schon vorauslaufende und ihre eigene Dignität besitzende Praxis wird durch die theoretische Reflexion und Kritik nur eine besonnenere und geklärtere. Genau besehen ist die Schleiermachersche Pädagogik in einem dreifachen Sinne «personalistisch» (dieser Begriff geht mit auf Schleiermacher zurück), insofern dreimal von Person die Rede ist: zum einen von der freitätigen, Empirie und Spekulation, Sein und Denken in eins fassenden, selbstverantwortlich handelnden *Person des Erziehers*, zum anderen von der durch freies, vernünftiges, weltschöpferisches Handeln ihre individuelle Eigentümlichkeit kreativ ausgestaltenden *Person des Zöglings* und schließlich vom Akt der Erziehung als eines prinzipiell dialogischen, d. h. durch Beispiele und Argumente überzeugenden *interpersonalen Vollzuges*.

Schleiermacher war bei weitem nicht die nationale und internationale Breitenwirkung auf Pädagogik und Schule vergönnt wie Herbart. Einerseits entzieht sich seine Pädagogik einer methodisch-didaktischen Schematisierung, und andererseits stellt sie sehr hohe Anforderungen an die mündige Selbstbestimmung der Lehrer und Erzieher. So konnte es im 19. und 20. Jahrhundert zwar reichlich Herbartianer, aber keine Schleiermacherianer geben. Erst über Dilthey hinweg hat Schleiermacher die Geisteswissenschaftliche Pädagogik des 20. Jahrhunderts maßgeblich beeinflusst, auch wenn diese sich nicht immer ausdrücklich auf ihn beruft. Den unvermeidlichen «Mischcharakter» von Erziehung und Pädagogik als eine Spekulation und Empirie, Geschichte und System einschließende Tätigkeit und Disziplin hat kaum ein anderer so überzeugend aufgewiesen wie Schleiermacher.

Hegel und der Rhythmus der Bildung

Ob und in welchem Maße Georg Wilhelm Friedrich Hegel (1770–1831) eine Rolle in der Geschichte der Pädagogik zukommt, ist durchaus umstritten. Der These, Hegel könne von seinem absoluten Idealismus her der pädagogischen Frage gar nicht ansichtig werden, steht die andere gegenüber, Hegels philosophisches System schließe eine komplette Bildungstheorie ein, und seine «Phänomenologie des Geistes» sei gar nicht anders zu verstehen denn als eine großartige Bildungsphilosophie. Trotz dieses Vorbehaltes sind mindestens drei Aspekte zu nennen, unter denen Hegels Beitrag zur Pädagogik über allen Zweifel erhaben ist: Erstens seine geschichtsträchtige Formulierung des Bildungsbegriffs – laut Hans-Georg Gadamer hat Hegel das, was Bildung ist, am schärfsten herausgearbeitet; zweitens Hegels Wirkung auf Schule und Schulpädagogik im 19. Jahrhundert – nicht Humboldts individualistische, sondern Hegels enzyklopädische Bildungsauffassung hat (über Johannes Schulze) die Schule des 19. Jahrhunderts tatsächlich bestimmt; drittens Hegels Klärung der Eigenart pädagogischen Denkens – unterteilt in ein Denken in Aporien, ein Denken in Polaritäten und ein dialekti-

sches Denken, das auf eine Synthese von These und Antithese
zielt. Für den Zusammenhang dieser Geschichte der Pädagogik
fällt Hegels Bildungsbegriff eine vorrangige Stellung zu.

Wenn Hegel den Gedanken der Bildung fasst, dann scheidet
für ihn jede eindimensionale Sicht aus. Weder vermag er Bildung als den einlinigen Prozess einer organischen Entwicklung
(von innen nach außen) noch als die unilaterale Vergesellschaf-
tung vermittels der Internalisierung gesellschaftlicher Rollen
und Normen (als Lernen von außen nach innen) zu denken.
Bildung ist nur zu begreifen als ein höchst spannungsreicher
Vorgang der Auseinandersetzung von Mensch und Welt: Das
menschliche Individuum lässt von seiner natürlichen Selbstbe-
zogenheit ab, befreit sich von der Befangenheit in seine sinn-
liche Erfahrungswelt und entfremdet sich, sich auf die Welt ein-
lassend, seiner selbst und gestaltet sich in der Hingabe an seine
ihm eigentümliche Berufung zum Weltdienst zur Person. Bildung vollzieht sich im Rhythmus von Entäußerung und Selbst-
besinnung, von Entfremdung und Reflexion. Der Anfang der
Bildung wird von Hegel als «Entäußerung seines unmittelbaren
Selbst» bestimmt. Unmittelbarkeit wird mit Unbildung gleichgesetzt. Diese Entäußerung beginnt mit dem Aufmerken, wobei
dieses Aufmerken erläutert wird als ein sich Erfüllen mit einem
Inhalt, welcher nicht die Bestimmung hat, nur für mich zu sein,
sondern dem ein selbständiges Sein eignet. In § 42 seiner «Philosophischen Propädeutik» heißt es, zur Bildung gehöre zuerst
«der Sinn für das Objektive in seiner Freiheit. Es liegt darin,
dass ich nicht mein besonderes Subjekt in dem Gegenstande suche, sondern die Gegenstände, wie sie an und für sich sind, in
ihrer freien Eigentümlichkeit betrachte und behandle, dass ich
mich ohne einen besonderen Nutzen dafür interessiere.» Bildung wird in die Nähe der Arbeit gerückt und als ein Abarbei-
ten der Subjektivität in das Allgemeine hinein definiert. Dass sie
diese harte Arbeit ist – gegen die blosse Subjektivität des Beneh-
mens, gegen die Unmittelbarkeit der Begierde, gegen die subjektive Eitelkeit der Empfindung und gegen die Willkür des Belie-
bens –, das macht einen Teil der Ungunst aus, der ihr vom breiten Publikum entgegengebracht wird.

Wenn Johann Gottfried Herder (1744–1803) diese Dialektik der Bildung erörtert, geht er von dem rhythmischen Wechsel von Tätigkeit und Ermatten, Widerstand und Hingabe aus, wie er ihn in allem Lebendigen wahrnimmt. Während aber dem nicht-menschlichen Lebendigen die Natur das Bilden abnimmt, muss der Mensch als «Zusammendrang und Mittelpunkt der Schöpfung» diese Bildung selbst vollbringen. Im menschlichen Dasein wird dieses lebendige Widerspiel von Innigkeit und Ausbreitung so erfahren, dass der Mensch sich aus sich heraus in die Weite und Tiefe des Seienden (außer sich) *hinaus lebt* und aus dieser äußeren Welt wieder *in sich zurückkehrt*. Das Gelingen der Bildung hängt davon ab, dass dieses Sich-an-der-Welt-Erproben nicht einseitig nur in ein bloßes Aufsammeln von Kenntnissen und Erfahrungen entartet – ein solches passives Rezipieren ergäbe am Ende ein lächerliches Quodlibet und ein verächtliches Sammelsurium –, sondern es kommt alles darauf an, diese Welterfahrungen und Weltkenntnisse in sich zu zentrieren und in der Mitte der eigenen Person die Einheit der Weltsicht zu stiften; denn «ohne Mittelpunkt ist kein Zirkel. Wer sich selbst verliert, hat alles verloren; wer aus sich läuft, besitzet sich selbst nicht mehr.» (*Schulreden*, hg. von Albert Reble, 1962, S. 133)

Auch Wilhelm von Humboldt (1767–1835) denkt die Bildung des Menschen auf dialektische Weise; er geht dabei nicht von einer Phänomenologie des Geistes und nicht von einer Philosophie des Lebendigen aus, sondern von dem Leibniz entliehenen Begriff der Kraft und deutet Bildung als den Übergang von der Unbestimmtheit dieser Kraft zu ihrer Bestimmtheit. Bildung in diesem Sinne kann immer nur vom Einzelnen selber ausgehen; sie kann nie und nimmer von außen bewirkt und erst recht nicht jemandem beigebracht werden. *Bildung* ist Selbstvollzug, genauer: Selbstbestimmung des Menschen, während dieser in der Erziehung ebenso wie in Gesetzgebung und objektiver Religion einer Fremdbestimmung unterliegt. In seinem Fragment zu einer «Theorie der Bildung des Menschen» finden sich Humboldts weltberühmte Sätze: «Im Mittelpunkt aller besonderen Arten der Tätigkeit nämlich steht der Mensch, der

ohne alle, auf irgend etwas Einzelnes gerichtete Absicht, nur die
Kräfte seiner Natur stärken und erhöhen, seinem Wesen Wert
und Dauer verschaffen will. Da jedoch die bloße Kraft einen
Gegenstand braucht, an dem sie sich übe, und die bloße Form,
der reine Gedanke, einen Stoff, in dem sie, sich darin ausprä-
gend, fortdauern könne, so bedarf auch der Mensch einer Welt
außer sich.» Überflüssig zu sagen, dass sich auch für Humboldt
die bildende Auseinandersetzung mit der Welt in dem Drei-
schritt vollzieht, dass der Mensch «von sich aus zu den Gegenständen außer ihm» übergeht – dafür gebraucht Humboldt den
Rousseau'schen Begriff der *Entfremdung* –, dass er aber in dieser Entäußerung nicht sich selbst verliert, sondern vielmehr
«von allem, was er außer sich vornimmt, immer das erhellende
Licht und die wohltätige Wärme in sein Inneres zurückstrahle.»
Von der verwirrenden Vielheit zur geordneten Allheit, von der
zerstreuten Punktualität zu einem in jedem Punkt leicht über-
sehbaren Kreis zu gelangen, aus tumultuarischem Wissen und
Handeln das geschlossene Ganze einer selbständigen Person
werden zu lassen, das heißt für Humboldt, «die bloße Gelehrsamkeit in eine gelehrte Bildung, das bloß unruhige Streben in
eine weise Tätigkeit zu verwandeln».

Schiller, Fröbel und die romantische Idee des Spiels

Ähnlich dialektisch haben auch Schiller und Fröbel, der eine im
Schatten Kants, der andere im Horizont der Philosophie Friedrich Wilhelm Schellings, das Problem der menschlichen Bildung
erörtert und dabei das Spiel als die höchste menschliche Aktivität zum pädagogischen Inbegriff erhoben. Dabei lag beiden
die Tendenz fern, das Spiel zu pädagogisieren; eher lag es in
ihrem Interesse, die Pädagogik zu ludifizieren (von lat.: *ludus* =
Spiel). Wenn wir den Begriff der Romantik nicht – wie es immer
noch geschieht – auf ein gegen die Aufklärung gerichtetes Denken einengen oder sie gar als eine «deutsche Bewegung» der
westlichen Aufgeklärtheit schroff entgegenstellen; wenn wir
vielmehr die Romantik als eine korrigierende Weiterführung
der Aufklärung auffassen und die Kreuzung zwischen einem

dialektischen Denken und dem Gedanken der Entwicklung als typisch romantische Figur anerkennen, dann können sowohl Schiller als auch Fröbel als zutiefst romantische Pädagogen angesehen werden.

Der Dichter, Philosoph und Pädagoge Friedrich Schiller (1759–1805) hat in seinen «Briefen über die ästhetische Erziehung des Menschen» die menschliche Subjektivität in zweifacher Hinsicht differenziert: als beständige *Person* (Selbstbestimmung) und als wechselhafter *Zustand* (von außen bestimmt). Dabei unterscheidet er zwei antagonistische Triebe: den auf Selbstbehauptung und Einheit mit sich selbst strebenden Formtrieb und den auf Veränderung und Mannigfaltigkeit gerichteten Stofftrieb. Damit der Mensch, einseitig nur dem Stofftrieb nachgebend, nicht zum Wilden wird und, einseitig nur dem Formtrieb folgend, nicht zum Barbaren entartet, sondern *als möglicher Mensch wirklich wird*, müssen beide in einem dritten vereinigt werden: im ästhetisch angesetzten und pädagogisch zentralen Spieltrieb. Nur im Spiel mit dem Schönen als Verbindung von Ideellem und Materiellem, Sinnlichkeit und Sittlichkeit wird die Selbsttätigkeit der Vernunft schon auf dem Felde der Sinnlichkeit geweckt und der Mensch zur wirklichen Person gestaltet.

Friedrich Fröbels (1782–1852) Pädagogik geht davon aus, dass «in allem» – so die berühmten ersten Worte seiner «Menschenerziehung» von 1826 – ein sphärisches Gesetz wirksam ist, das es allem Seienden zum «Beruf» macht, sein inneres, göttliches Wesen zu verwirklichen und im Äußeren sichtbar werden zu lassen. Dinge, Pflanzen und Tiere tun das mit innerer Notwendigkeit. Die personale Würde des Menschen liegt darin, dass er sich diesen Beruf kraft seiner Vernunft zum vollen Bewusstsein bringen und «mit Selbstbestimmung und Freiheit» ausüben kann. Fröbel sieht das tätige Verhältnis des Menschen zur Welt als ein Neben- und Gegeneinander zweier Aktivitäten: Innerliches äußerlich und Äußerliches innerlich machen. Sowohl das eine – gewöhnlich *Arbeit* genannt – als auch das andere – gewöhnlich als *Lernen* bezeichnet – sind eindimensionale Beziehungen und können der Lebenseinigung als dem höchsten

Ziel der Menschenerziehung nicht gerecht werden. Es kommt also darauf an, eine Aktivität ausfindig zu machen, die zugleich Inneres äußerlich und Äußerliches innerlich zu machen vermag, und die ganze Erziehung auf diese Aktivität zu gründen. Fröbel erkennt diese allein bildende Tätigkeit im *Spiel*, und mit aller Entschiedenheit beharrt er darauf, dass das kindliche Spiel nicht Spielerei sei, sondern hohen Ernst und tiefe Bedeutung hat, denn es ist für ihn «zugleich das Vorbild und Nachbild des gesamten Menschenlebens», das «Freude, Freiheit, Zufriedenheit, Ruhe in sich und außer sich, Frieden mit der Welt» gebiert (*Menschenerziehung*, § 30). In diesem Sinne deutet Fröbel das Eislaufen und Schlittenfahren der Kinder als Gleichnis der menschlichen Bestimmung: *mit entschiedener Geradlinigkeit und sicherer Zielstrebigkeit bei allem Wagnischarakter und bei aller Unberechenbarkeit des Ausgangs sein Leben zu spielen, genauer: zu erspielen.*

Marx und die Emanzipation des Menschen

Über Karl Marx (1808–1883) wurde treffend gesagt, er sei zwar kein Klassiker der Pädagogik, wohl aber ein Klassiker für die Pädagogik. Und obwohl sich seine expliziten Aussagen zur Pädagogik auf sehr wenige beschränken, ist sein Beitrag zur Geschichte der Pädagogik keineswegs nur ein schul- und bildungspolitischer geblieben: Marx hat die pädagogische Idee – entsprechend der elften seiner «Thesen über Feuerbach» – nicht nur verschieden interpretiert, sondern er hat die Pädagogik verändert. Schon in frühester Jugend mit den Schriften Rousseaus vertraut geworden, gab Marx dem Rousseau'schen Begriff der Entfremdung eine zeitgeschichtliche und gesellschaftstheoretische Wendung, indem er ihn auf die konkreten Gegebenheiten der industriellen Arbeit im Frühkapitalismus bezog. Gegenüber Hegels Tendenz, den empirischen Menschen in das Allgemeine «aufzuheben» (in der dreifachen Bedeutung des Wortes als Auslöschen, Emporheben und Integrieren), richtet Marx den Blick auf den konkreten Menschen als ein unmittelbar gegenständliches, natürliches, sinnliches, tätiges und gesellschaftliches Wesen und mittelbar als ein bewusstes, freies und geschichtliches. Arbeit als Konstituens des Menschen versteht Marx nicht wie Hegel als die Abarbeitung der Subjektivität in das allgemeine Objektive, sondern als die tätige Auseinandersetzung des Menschen mit der Natur.

Dieser Prozess gliedert sich in die zwei Phasen der Produktion und der Konsumption. Der Produktionsprozess lässt sich noch einmal unterscheiden in die Phase der Zwecksetzung, d. h. des Ausdenkens und des Planens, und jene der äußeren Produktion, d. h. der Herstellung und Verfertigung. Dabei begreift Marx die der eigentlichen Herstellung vorgeschaltete Phase der Zwecksetzung und Planung als dasjenige Moment am Arbeitsprozess, welchem die menschliche Lebenstätigkeit ihre Freiheit und ihr Bewusstsein verdankt. In der Fähigkeit, die Bedingungen seines Lebens selbst hervorzubringen, sieht Marx die Wesensbestimmung des Menschen und seinen entscheidenden Unterschied zum Tier. Selbst der schlechteste Baumeister zeichnet sich vor einer Biene dadurch aus, dass er die Zelle zuerst in seinem Kopf gebaut hat, bevor er sie in Wachs herstellt. Resultat des Konsumptionsprozesses ist die Befriedigung eines Bedürfnisses in Form des Gebrauchs oder Verbrauchs des hergestellten Produkts. Produktion und Konsumption deutet Marx als dialektisch aufeinander bezogene Vorgänge, ähnlich wie der Vergegenständlichung die Entgegenständlichung und der Entäußerung die Aufhebung der Entäußerung folgen muss. Das durch den Produktions- und Konsumptionsprozess vermittelte Verhältnis des Menschen zur Natur kann sich negativ als Spannung, Zwist und Feindlichkeit gestalten oder positiv als Einheit, Solidarität und Harmonie zwischen dem Arbeiter und seinem Produkt. Während Marx die zweite Möglichkeit als das Endziel und als das mögliche Resultat des Geschichtsprozesses betrachtet, sieht er das Verhältnis unter den Bedingungen der kapitalistischen Lohnarbeit durch eine vierfache Entfremdung des Arbeiters bestimmt: erstens vom Produkt seiner Arbeit, zweitens vom Akt des Produzierens, drittens vom Leben der menschlichen Gattung und viertens von den anderen Menschen. Dabei erklärt Marx das Privateigentum nicht als Ursache der entfremdeten Arbeit, sondern umgekehrt die entfremdete Arbeit als Ursache des Privateigentums. Als Ziele der Erziehung ergeben sich daraus konsequent die Aufhebung der Entfremdung und die Emanzipation des Menschen aus Bedingungen, die seiner Freiheit und Selbstbestimmung unnötige Grenzen setzen. Erich Fromm hat es sogar für berechtigt gehalten, Marx als Abschluss jener Bestrebungen zu lesen, die sich seit Renaissance und Reformation für die ungetrübte Würde des Menschen und für die Wiederherstellung seiner ungebrochenen Totalität eingesetzt haben.

Marx selbst hat sich mit konkreten Erziehungsvorschlägen sehr zurückgehalten und neben seiner wirkungsträchtigen Kritik am (ideologischen) Klassencharakter der Erziehung, d. h. seiner Kritik an der Instrumentalisierung der Erziehung im Dienste der Herrschenden und zur Unterdrückung der Beherrschten, nur eine wohldosierte Kinderarbeit und das Programm einer polytechnischen Erziehung vorgeschlagen. Sein Denken hat sich dennoch in der Pädagogik auf sehr unterschiedliche Weise ausgewirkt, wobei als gemeinsames Merkmal aller von Marx inspirierten Pädagogik(en) die enge Verknüpfung von Politik und Pädagogik hervorsticht, so dass es – wie Mario Alighiero Manacorda konstatiert hat – nach Marx keine rein «pädagogische Pädagogik» mehr geben kann, die ihre politischen Verflechtungen und Abhängigkeiten zu verkennen oder zu ignorieren vermöchte.

Während die Pädagogik Anton Semjonowitsch Makarenkos (1888–1939) oft als Prototyp einer marxistischen Pädagogik angesehen wurde, steht sie mit ihrer Betonung des Kollektivs und dem Ziel der Unterordnung des einzelnen unter dieses weit mehr im Dienste des Leninismus und Stalinismus, als dass sie den Befreiungsgedanken von Marx aufnähme. Auch sein «Pädagogisches Poem» stellt, vorurteilslos gelesen, eine Hommage an das Kollektiv und eine polemische Gegenschrift gegen den Rousseau'schen «*Émile*» dar. Wenn jemand den Titel eines marxistischen Pädagogen beanspruchen kann, dann ist es der Italiener Antonio Gramsci (1891–1937), der die Gedanken von Marx nach dem Ausbleiben einer sozialistischen Revolution neu aufnimmt und durchdenkt. Dabei lehnt er den von Engels in Marx hineininterpretierten Determinismus des Bewusstseins durch das soziale Sein ausdrücklich ab und liest aus Marx den umgekehrten Gedanken heraus, dass es vielmehr das Bewusstsein ist, welches das soziale Sein anders denken muss, um es zu verändern. Dadurch nimmt bei ihm nicht das Proletariat, sondern die Klasse der Intellektuellen eine gesellschaftliche Führungsrolle ein. Diese kommt ihr insofern zu, als der gesellschaftliche Fortschritt nicht mechanistisch durch eine Veränderung der sozio-ökonomischen Basis bewirkt werden kann, sondern durch eine aufklärend-emanzipatorische Bildung, vor allem der unteren Schichten. In ganz ähnlichem Sinne haben vor dem Hintergrund des Renaissance-Humanismus Bogdan Suchodolski (1903–1992) in Polen und im Kontext des modernen Personalismus und der Dialog-Philosophie Paulo Freire (1921–1997) in Lateinamerika die Anregungen von Karl Marx pädagogisch weiter gedacht und im Marxschen Begriff der *revolutionären Praxis* verdichtet. Suchodolskis Pädagogik der Hoffnung ebenso wie Freires Pädagogik der Befreiung verwerfen eine Pädagogik der Anpassung an den *status quo* und setzen im Geiste Rousseaus darauf, dass Erziehung den möglichen Menschen zur Wirklichkeit verhelfen kann. Für Suchodolski hat eine Erziehung ausgedient, die den Menschen auf gesellschaftliche Arbeitsprozesse zurichten will, wenn abzusehen ist, dass für immer weniger Menschen der Sinn ihres Lebens in der Arbeit bestehen wird (allein schon wegen der explosionsartig anwachsenden Arbeitslosigkeit). Für Freire ist eine traditionelle «Bankiererziehung» obsolet geworden, die ein Bildungskapital anhäufen will, das für den Rest des Lebens reichlich Zinsen trägt. Stattdessen verstehen beide Erziehung als einen Prozess der kritischen Bewusstseinsbildung (Freires *«conscientização»*) über die gegebenen Verhältnisse, um die Bereitschaft zu einer verbessernden politischen und sozialen Praxis zu wecken – Suchodolski in der Auseinandersetzung mit der politischen Situation in seinem Lande angesichts des sowjetischen Imperialismus, Freire in dem Bemühen um die Überwindung der Armut und Unbildung der in Unmündigkeit gehaltenen Landarbeiter angesichts der Vorherrschaft eines kapitalistischen Imperialismus.

Kierkegaard, Nietzsche und der pädagogische Blick
auf den Einzelnen

Sören Aabye Kierkegaard (1813–1855) verdient in der Geschichte der Pädagogik Beachtung, weil er einen Gedanken zu der Idee der Pädagogik beigetragen hat, der zwar nicht völlig neu war, aber in dem ihm von Kierkegaard beigemessenen Gewicht bis heute wirksam geblieben ist. Der Mensch ist nicht – wie Spinoza oder Hegel und, laut Kierkegaard, alle «Wesensphilosophien» meinen – in das Allgemeine «aufgehoben» und kann nicht mit ihm identisch werden, sondern er ist primär der besondere «Einzelne», der in seiner Endlichkeit unermüdlich nach unendlicher Erkenntnis und Wahrheit strebt. Dieses Streben ist unlösbar an seine Existenz gebunden, und er kann von niemandem darin vertreten werden. Man hat Kierkegaard deshalb zu Recht als einen «existentiellen Denker» bezeichnet und das auch in dem anderen Sinne, dass das Denken nicht eine akzidentelle Zugabe zu seinem Dasein darstellt, sondern sein Dasein substantiell bestimmt und dem Einzelnen zu einer lebenslangen Aufgabe macht. Kierkegaard hat den Aufgabencharakter der menschlichen Existenz in die prägnante, gleichwohl nicht leicht verständliche Formel gebracht: «Das Selbst ist ein Verhältnis, das sich zu sich selbst verhält, oder ist das am Verhältnis, dass das Verhältnis sich zu sich selbst verhält; das Selbst ist nicht das Verhältnis, sondern dass das Verhältnis sich zu sich selbst verhält.» (*Die Krankheit zum Tode*, Erster Abschnitt A)

Um diese etwas rätselhaft anmutende Aussage zu verstehen, kann eine grammatikalische Erklärung nützlich sein. «Existenz» ist – rein sprachlich betrachtet – ein Substantiv, dem philosophischen Sachgehalt nach aber ein Verb, also ein echtes *Tunwort*. Romano Guardini, der tief in das Denken Kierkegaards eingedrungen ist, hat die zitierte Textstelle mit Hilfe einer Unterscheidung von Bau und Akt zu verdeutlichen gesucht: Der Existierende ist in seiner faktischen Gegebenheit «Bau», in seiner fortwährenden Gestaltung «Akt». Man könnte die bekannte Aussage des Descartes existenzphilosophisch umformen und sagen: «Ich existiere, also bin ich.»

Kierkegaard knüpft mit seinem pädagogischen Denken an Sokrates, den existentiellen Denker der Antike, an und erinnert erneut an die erzieherische Bedeutung der Ironie. Während Sokrates aber davon ausging, dass die Wahrheit und die Tugend im Menschen liegen und aus ihm «mäeutisch», d. h. geburtshelferisch herausgelockt und herausgefragt werden müssen, gründet für den überzeugten Christen Kierkegaard die Wahrheit und das Gutsein nicht im Menschen allein, sondern in einem diesen überschreitenden Anderen: in Gott.

Erkenntnis und Sittlichkeit liegen für Kierkegaard – darin Augustinus folgend – nicht in der autonomen Macht des Menschen, sondern sind Geschenk, das ihm aus den Händen jenes «ganz Anderen» zufällt. Erziehung kann in diesem Zusammenhang weder als organisches Hineinwachsen noch als technisches Hineinversetzen in Wahrheit und Sittlichkeit gedacht werden, sondern muss im Sinne von unstetigen Erziehungsformen als appellhafte «Erweckung», «Ermahnung», «Krise» und «Begegnung» (Otto Friedrich Bollnow) und als «Aufmerksammachen» auf das Religiöse» (Helmut Schaal) verstanden werden. Damit werden zwei pädagogische Grundannahmen bis in den Grund hinein erschüttert und in Frage gestellt: die Vorstellung von der Erziehung als einem kontinuierlichen Prozess und als einem stellvertretenden Handeln am und für das Kind. Die Stetigkeit der Erziehung wird gebrochen durch die Einmaligkeit des erzieherischen Aktes, der dem besonderen Augenblick entscheidende Bedeutung verleiht. Der Gedanke der pädagogischen Stellvertretung wird eingegrenzt durch die Unvertretbarkeit der einzelnen Existenz. Im theoretischen und praktischen *Vorrang der Existenz vor der Essenz* – «Die Existenz geht der Essenz voraus» (Jean-Paul Sartre) – wird der Mensch als ein in relativer Freiheit, absoluter Würde und personaler Verantwortung sich entwerfendes endliches Wesen begriffen und die Pädagogik an den Scheideweg gestellt, den Menschen entweder in seiner weltschöpferischen Menschlichkeit *freizusetzen* oder ihn in vorgefertigte Ordnungen *festzusetzen*.

Friedrich Nietzsche (1844–1900) ist von Kierkegaard so weit entfernt wie ein Erdpol vom anderen, und beide sind einander so verwandt, wie nur Zwillinge es sein können. Bei allen Differenzen stehen sich von ihrem Blick auf den Einzelnen her beide sehr nahe. Der Existentialist Nietzsche ist dabei weder der Prediger des Willens zur Macht noch der Verkünder des Übermenschen, auch nicht der Philosoph der ewigen Wiederkehr des Gleichen. Es ist der Künstlerphilosoph, der schonungslose Kulturkritiker und der Psychologe, der mit sich selber ringt. Dieser Nietzsche beantwortet die Frage, was dem Menschen Wissen und Wahrheit eigentlich nützen, auf ernüchternde Weise damit, dass der Mensch mit ihrer Hilfe der Befangenheit im Schein entgehen und dem Werden ein Sein überstülpen will. Aber so, wie das erkennende Subjekt nicht substantielle *Essenz*, sondern prozessuale *Existenz* ist, kann es – streng genommen – keine Wiederkehr des Gleichen, aber auch kein allgemeines Wissen, sondern nur individuelle Beziehungen, einzelne Perspektiven, unterschiedliche Sichtweisen und abweichende Interpretationen geben – kein «Ding an sich», sondern nur geschichtlichen Wandel. Wahrheit ist unerreichbar und zudem nutzlos, denn Leben ist Selbstwiderspruch in der Zeitlichkeit des Werdens. Hatte der «kategorische Imperativ» Kants, auf einen allgemeinen Willen zielend, vom transzendentalen Subjekt gehandelt, also – streng genommen – nur von den denknotwendigen Voraussetzungen, um von Subjektivität sprechen zu können, so geht es Nietzsche um das empirische Subjekt hier und jetzt und um die absolute Freisetzung des individuellen Willens.

Nietzsche wähnte sich am Ende einer viele Jahrhunderte dauernden Epoche abendländischen Denkens. Er begriff die Not seiner Zeit als die einer Endzeit. Es war für ihn die Zeit, in der sich die Denk- und Lebensimpulse zweier Jahrtausende mit ihrer metaphysischen Philosophie, dem Christentum und der abendländischen Moral erschöpft hatten.

Von einer Analyse des tragischen Charakters menschlichen Lebens hat der spanische Dichter-Philosoph Miguel de Unamuno (1864–1936) in einer der bissigsten Satiren, die je über die anmaßenden Versprechungen der Erziehungswissenschaft geschrieben worden sind, die Grenzen eines rigoros erfahrungswissenschaftlichen Zugriffs auf die Erziehung und Bildung des

Menschen bedingungslos aufgedeckt und eine Menschen verfertigende Wissenschaft als Kokotologie verspottet, d. h. eine von der Faltung von Papiervögeln. In seinem (bisher nicht ins Deutsche übersetzten) Buch *«Amor y Pedagogía»* («Liebe und Pädagogik») stellt er am Beispiel eines Elternpaares die radikal wissenschaftsbestimmte Behandlung des Sohnes durch den Vater der gütig liebevollen Zuwendung der Mutter entgegen und zeigt die verheerenden Wirkungen jener, die von dieser nur vorübergehend aufgefangen werden können und am Ende – ähnlich wie bei der gescheiterten Erziehung von Pestalozzis Sohn – mit dem Selbstmord des Zöglings enden.

In seiner kritischen Pädagogik hat Eberhard Grisebach (1880–1945) den existenztheologischen Gedanken Kierkegaards, dass der «Einzelne» im «Augenblick» aus der Unwahrheit heraus in die Wahrheit Gottes hineinspringt, auf phänomenologischem Wege in einen enttheologisierten Existenzbegriff umgewandelt, der dann als gesellschaftstheoretisches Prinzip die Grundlage seiner Pädagogik bildet. In der existentiellen Erfahrung der Widerständigkeit des Du ist das dialogisch verfasste Subjekt schon immer vom Anderen in Beschlag und in Verantwortung genommen, und zwar noch bevor es sich ihm erkennend oder wollend zuwendet – ein Gedanke, den später Emmanuel Lévinas (1906–1995) aufgenommen und weitergeführt hat. Während die Widerständigkeit von Welt in der Begegnungsphilosophie Grisebachs vor allem das Prinzip «Mitmenschlichkeit» begründet, wird im Rückgang auf die existentielle Weltbetroffenheit des Menschen in den (vom Denken Martin Heideggers angeregten) Bildungsphilosophien Theodor Ballauffs (1911–1995) und Rudolph Berlingers (1907–1997) die personale Weltnatur des Menschen zum Bewusstsein gebracht und in ausdrücklicher Abgrenzung von selbst- und ichbezogenen Positionen das Prinzip «Sachlichkeit» gleich ursprünglich und gleich berechtigt neben jenes der Mitmenschlichkeit gestellt. In diesem Horizont wird Erziehung nur dort denkbar und zugleich unabdingbar, wo die existentielle Grunderfahrung des Menschen als eines nicht verobjektivierbaren Subjekts zur axiomatischen Grundlage einer praktischen Theorie wird.

Mit der existenzphilosophischen Erhellung des personalen Grundes von Pädagogik ist zugleich eine fundamentale Einsicht in deren theoretische und praktische Grenzen verbunden. Während die moderne Pädagogik, insbesondere in Gestalt der Erziehungswissenschaft, zwar um *Grenzen in der Erziehung* weiß, diese aber in einer unzulänglichen Verfügbarkeit und in der situativen Bedingtheit der kontingent variablen Erziehungsverhältnisse gesehen und gesucht hat, wird hier die prinzipielle *Grenze der Erziehung* in der unverfügbaren Würde der personalen Struktur menschlicher Praxis selbst erkannt. Würde die Person erziehungswissenschaftlich zu einem handhabbaren Objekt erklärt, verlören Ethik und Pädagogik ihren Ermöglichungsgrund; sie gerieten dann womöglich in den Sog eines unkritischen, indifferent funktionalistischen Wissenschaftsbegriffs oder verkämen gar zu bloßen normativen Ideologien.

Dilthey und die Teleologie des Seelenlebens

Wilhelm Dilthey (1833–1911) kann seinen Platz in der Geschichte der Pädagogik aus wenigstens zwei Gründen beanspruchen: erstens aufgrund seines Versuchs, das pädagogische Denken deutlich vom naturwissenschaftlichen abzugrenzen, und zwar just in einer von dessen Blütezeiten; zweitens wegen seines Bemühens, die Pädagogik sowohl als eine historisch-hermeneutische Disziplin als auch als Ort der empirischen Forschung zu bestimmen.

Die neuzeitliche Naturwissenschaft hatte die Natur auf das Dasein der Dinge reduziert. Sofern die Dinge durch allgemeine Gesetze bestimmt werden, erlauben diese endgültige Urteile. Wer sich in der Naturwissenschaft den Stand der bis dato gewonnenen wissenschaftlichen Erkenntnisse aneignet, muss zu den gleichen Ergebnissen kommen wie andere, die sich auf denselben Kenntnisstand gebracht haben. Die seit der Antike gesuchte und von Aristoteles als Auszeichnung der Wissenschaft herausgestellte *Intersubjektivität* war damit erreicht. Dilthey bestreitet die Bedeutung und den enormen Gewinn dieses methodologischen Modells nicht im geringsten, er hält jedoch seine Anwendung auch auf die Wissenschaften vom Menschen für verfehlt, denn in den Geisteswissenschaften lässt sich die strikte (und für die Naturwissenschaft fundamentale) Trennung von erkennendem Subjekt und Erkenntnisobjekt nicht aufrecht erhalten. In ihnen ist der Mensch integraler Bestandteil der geschichtlich-kulturellen Sinn- und Handlungszusammenhänge. Diese Zusammenhänge vollziehen sich nicht gesetzmäßig im Sinne der naturwissenschaftlichen Gesetzlichkeit: Sie sind daher nicht kausalanalytisch *erklärbar*, sondern hermeneutisch *verstehbar*. Und dieses Verstehen schreitet nicht wie die naturwissenschaftliche Erklärung linear voran, sondern bewegt sich kreisend (hermeneutischer Zirkel): vom Ganzen zum Einzelnen und von diesem zurück zum Ganzen, dabei das eine durch das andere erhellend. In den Geisteswissenschaften ist daher auch das in der Rennfahrersprache geläufige Bild vom «Überholen» einer Erkenntnis durch eine andere fragwürdig und nur bedingt verwendbar. Stiftung und Wahl eines Sinn- oder Handlungszusammenhangs gehen von einer Wertung und Vormeinung aus, so dass hier das «Vorurteil» oder ein Vorbegriff nicht Ende, sondern Anfang des geisteswissenschaftlichen Verfahrens ist. Dieses zeichnet sich außerdem nicht durch interesselose Distanzierung von seinem Objekt aus, sondern qualifiziert sich als «engagierte Reflexion». Alle rein rationalen Konstruktionen menschlicher Verhältnisse bezeichnet Dilthey als «radikale Doktrinen», und einer geisteswissenschaftlich verfassten Pädagogik spricht er die Aufgabe zu, deren Kasernenbauten niederzureißen.

Wenn sich aber die Pädagogik nicht mehr von einer als allgemeingültig anerkannten Ethik (oder Metaphysik) begründen läßt, dann kann – so meint Dilthey – diese Lücke von einer geisteswissenschaftlichen Psychologie geschlossen werden, welche den Zweck der Erziehung nicht (mehr) inhaltlich bestimmt, sondern formal-strukturell von einer inneren Zweckmäßigkeit des Seelenlebens herleitet. Die Analyse einer solchen *Teleologie des Seelenlebens* muss bei der gegebenen Erziehungswirklichkeit ansetzen, das Verhältnis des Erziehers zum Zögling in seiner spezifischen Eigenart beschreiben und die Zweckmäßigkeit und Vollkommenheit der seelisch-geistigen Vorgänge erhellen, um auf solche Weise in der Wirklichkeit einen Grund der Regel dafür zu finden, was geschehen soll.

Mit diesem Programm hat Dilthey die Geisteswissenschaftliche Pädagogik seiner unmittelbaren Schüler Max Frischeisen-Köhler, Herman Nohl, Eduard Spranger und deren Nachfolgegeneration mit Wilhelm Flitner, Erich Weniger, Albert Reble u. a. vorbereitet und ihnen zugleich die zentralen Themen vorgegeben. Diese «Schule» hatte in Deutschland bis weit in die zweite Hälfte des 20. Jahrhunderts eine dominierende Vormachtstellung inne, ehe sie sich aus Gründen der Selbstkritik und durch die Rezeption der Kritischen Theorie der Frankfurter Schule und der Sprachphilosophie Karl-Otto Apels zu einer kritisch-emanzipatorischen Pädagogik (Herwig Blankertz, Wolfgang Klafki u. a.) einerseits und in eine Kommunikative Pädagogik (Klaus Schaller, Klaus Mollenhauer u. a.) andererseits ausdifferenzierte und weiter entwickelte. Standen in der Geisteswissenschaftlichen Pädagogik alten Typs das Problem von Theorie und Praxis, das vor allem im Anschluss an Schleiermacher erörtert wurde, sowie der geschichtliche Charakter von Erziehung und Pädagogik im Vordergrund, so entzündeten sich am Verständnis des erzieherischen Verhältnisses bzw. des pädagogischen Bezugs jene Debatten, die die genannten Ausdifferenzierungen in Gang brachten. Insgesamt wurde innerhalb dieser Geisteswissenschaftlichen Pädagogik Erziehung als ein intentionales, d. h. von einem erklärten Erzieherwillen bestimmtes Geschehen verstanden, das «um des jungen Menschen willen» in Gang gesetzt wurde. Diese erzieherische Zuwendung wurde dabei nicht als ein einseitiges Beeinflussungsgeschehen gesehen, sondern immer als ein Interaktionsverhältnis begriffen, das auf seine Selbstaufhebung hintendierte. War aber das «um des jungen Menschen willen» zunächst im Sinne einer Bewahrung des Heranwachsenden vor den Ansprüchen der gesellschaftlichen Mächte ausgelegt worden, so änderte sich diese Interpretation in Richtung auf die Emanzipation und Mündigkeit des Zöglings; dabei trat der Gedanke des Erziehungs- und Autoritätsgefälles zwischen Erziehern und Edukanden zurück gegenüber der Idee eines herrschaftsfreien Diskurses bzw. einer diskursiven Kommunikation. Theodor Litt (1880–1962) hat sich besonders um eine Klärung des Begriffs der Erziehung bemüht, dabei die Erziehung von der Kunst ebenso wie von der Technik unterschieden und sie in der dialektischen Spannung zwischen «Führen oder Wachsenlassen» als *Einführen* bestimmt – ein Führen zu sich selbst und ein Hinführen zu den idealen Gehalten, die jeder höheren Form des Daseins als solcher einwohnen.

Dewey und das Problem der pädagogischen Erfahrung

John Dewey (1859–1952), zweifellos der bedeutendste und ebenso repräsentativste Pädagoge Nordamerikas und mit seinem pädagogischen Hauptwerk «*Democracy and Education*» von 1916 einer der letzten Klassiker der Pädagogik von Weltrang, kommt zu seiner Fassung der pädagogischen Idee auf dem Wege einer «*Reconstruction of Philosophy*». So wie Francis Bacon das alte Organon der aristotelischen Philosophie umgestürzt und durch eine neue Wissenschaft ersetzt habe, sieht es Dewey als seine historische Sendung an, die Baconsche Verheißung, die Natur wissenschaftlich zu erforschen, um sie technologisch beherrschen zu können, endlich auch auf jenen Bereich auszudehnen und dort wirksam werden zu lassen, wo sich bisher noch «die alten Philosophien» tummeln: im Bereich des Menschlichen und des Sozialen. Als veraltet erscheinen Dewey diese Philosophien deshalb, weil sie sich von den konkreten Alltagsproblemen (der nordamerikanischen Gesellschaft) ab- und der vergeblichen Suche nach etwas Überzeitlichem und Dauerhaftem zuwenden; auf diese Weise verkennten sie, dass unsere erfahrbare Wirklichkeit ein immerwährender Prozess ist. An die Stelle des antiquierten «*Quest for Certainty*» habe daher eine neue «*Logic of Inquiry*» zu treten.

Von Anfang an dominiert bei Dewey ein abgrundtiefes Unbehagen über jede Art von Gegensätzen und Dualismen. Diesem entspricht eine leidenschaftliche Suche nach einem einzigen Prinzip zum Verständnis von Gott, Mensch und Welt. Die Be-

gegnung mit der Hegelschen Philosophie wirkt auf Dewey wie
eine Erlösung, aber erst die Verschmelzung von Hegels Phänomenologie des Geistes mit den Evolutionstheorien von Herbert
Spencer und Charles Darwin lässt ihn zu seiner eigenen *Philosophie des Instrumentalismus* gelangen, in der nicht der absolute
Geist, sondern die *Natur zum Weltsubjekt erhoben* wird. Ähnlich wie der junge Marx will Dewey die Philosophie aus den
himmlischen Höhen des Geistes auf die Erde herabholen und zu
einem Instrument bei der Lösung der konkreten wirtschaft-
lichen, ethischen, sozialen und pädagogischen Probleme der Gegenwart machen. Von daher sieht Dewey die menschliche Natur
weder als gut noch als schlecht an, sondern betrachtet sie als
das Ergebnis einer kulturellen Evolution. Das Kind, das mit un-
differenzierten Handlungsantrieben geboren wird, entwickelt
seine menschlichen Eigenschaften in einer wechselseitigen Beziehung (*a transactional relationship*) zu seiner natürlichen und
sozialen Umwelt. Das Individuum verändert seine Umgebung
und wird selbst von ihr verändert. Alles befindet sich in fort-
währendem Wandel, aber dieses beständige Fließen lässt sich in
sozialen Fortschritt verwandeln, wenn der Mensch mit Hilfe
der Wissenschaft eingreift, sich des problemlösenden Denkens
als eines Instruments bedient, und zwar zur freien Gestaltung
einer besseren gesellschaftlichen Ordnung. Deweys pädagogisches Motto *Learning by Doing* könnte genauso richtig *Learning by Thinking* heißen. Freilich handelt es sich dabei immer
um ein instrumentelles Denken. Dieses beschreibt und analysiert Dewey in seinem typisch nordamerikanischen *How-to-do-
Book* «*How We Think*»: Ein praktisches Problem (eigentlich
eine Schwierigkeit) taucht auf, für das sich in der bisherigen Erfahrung keine eingeschliffene Lösung findet; diese Schwierigkeit
wird genau abgegrenzt und analysiert; eine mögliche Lösung
wird hypothetisch entworfen und dann einer praktischen Er-
probung unterzogen; wenn sie sich «bewährt», gilt sie (bis auf
weiteres) als «wahr». «Wahr» ist ein Name, der für Dewey allem gebührt, was sich als gut erweist, wenn man daran glaubt,
und was uns hilft, bestimmte Probleme der Alltagswirklichkeit
zu lösen. Dabei werden diese Probleme nach Möglichkeit in

technische Probleme umdefiniert, um sie einer wissenschaftlichen Bearbeitung zugänglich zu machen. Der gleiche Maßstab des «Was sich bewährt», gilt auch für die Ethik. Das ethische Handeln wird danach bemessen, was es für Ergebnisse bringt. Ein ethischer Grundsatz wird daran geprüft, was eintritt, wenn man ihm gemäß handelt, d. h. ob er sich bewährt und in barer Münze auszahlt. William James, der Mitbegründer des Pragmatismus, hatte das den «cash value» (den Barwert) genannt.

So, wie der junge Dewey die demokratische Gesellschaft (der USA) als die potentielle Verwirklichung des Reiches Gottes auf Erden angesehen und sie als den fortlebenden «Body of Christ» bezeichnet hatte, erblickt der reife Dewey die Hochform der demokratischen Gesellschaft in der *scientific community* interagierender, miteinander vernetzter und unermüdlich suchender Forscher. Da Dewey der wissenschaftlichen Methode universelle Gültigkeit für alle menschlichen Bereiche zuschreibt, vermag sie alle Dualismen aufzulösen. Das gilt auch für den Dualismus von Erziehung und Leben. Galt die überkommene Erziehung als Vorbereitung auf das Leben und verstand sich Schule herkömmlich als die Vermittlung von in Lehrstoffen eingefrorener Erfahrung zum Zwecke späterer Daseinsbewältigung, so setzt Dewey dagegen seinen Begriff von einer «progressive education», die Erziehung (Schule) und Leben dadurch in eins fasst, dass sie beide nur noch als Wachstum (*growth*) versteht. Und es wird Deweys Grundüberzeugung, «dass der Erziehungsprozess mit Wachstum gleichgesetzt werden kann, sofern dieses als aktives Partizip in Sinne von *wachsend* verstanden wird» (*Experience and Education*, 1963, S. 36). Da es für Dewey nichts gibt, worauf sich der Begriff des Wachstums bezieht, ausgenommen weiteres Wachstum, läßt sich für ihn auch der Begriff der Erziehung keinem anderen unterordnen – ausgenommen weiterer Erziehung.

7. Im Schnittpunkt von Natur, Gesellschaft und Person

Ungeachtet von Deweys gewaltigem Versuch, im Begriff der Erfahrung alle Dualismen und Gegensätze zu überwinden und alle Paradoxien aufzuheben, bewegt sich das pädagogische Denken bis in die unmittelbare Gegenwart weiterhin in dem von Rousseau erhellten und von seinen Nachfolgern auskolorierten Spannungsfeld von Natur, Gesellschaft und Ich. Dass die Erziehung in dieser dreipoligen Spannung steht, darüber sind sich seit der Zerstörung der traditionellen Begründungsstruktur der Pädagogik durch Darwin, Marx, Freud, Nietzsche u. a. und seit den Begründungsversuchen einer Pädagogik als Wissenschaft alle Theorien einig. Gravierende Differenzen entstehen erst bei der Frage, welchem der drei Pole bzw. in der Sprache Pestalozzis: welchem der drei «Zustände» das relativ größere Gewicht zukommt und ob einem von ihnen gar eine absolute Vorrangstellung einzuräumen ist. Dabei wird nicht selten der komplementäre Zusammenhang von Natur, Gesellschaft und Ich außer Acht gelassen und zu ungehörigen Einseitigkeiten gegriffen.

Erziehung von der Natur aus

Der zweite Paragraph der im 19. Jahrhundert weit verbreiteten Erziehungs- und Unterrichtslehre von Friedrich Heinrich Christian Schwarz (1766–1837) beginnt mit den Worten: «Die Natur erzieht schon von selbst, indem sie entwickelt, und führt uns also auf diesen Begriff; so erzieht sie in der Pflanze, in dem Thiere, in dem Menschen.» Schwarz lässt zwar bereits im nächsten Satz diese naturalistische Metapher hinter sich, indem er die Erziehung des Menschen kraft dessen Vernunft und seines freien Willens zu einem Werk der Freiheit erklärt, aber er markiert an dieser Stelle doch sehr klar die Position einer naturalistischen

Auslegung der pädagogischen Idee und ihre *Verabsolutierung des Entwicklungsgedankens*. Historisch gesehen wird diese Absolutsetzung der Natur in den Theorien einer «natürlichen Erziehung» und die Umdeutung der Erziehung zu einer organischen Selbstentfaltung nicht, wie so oft irrtümlich unterstellt wird, Rousseau geschuldet. Sie gründet bereits in der Monadenlehre von Johann Gottlieb Leibniz (1646–1716), der die neuzeitliche Selbsterfahrung des Individuums substantiiert. In seiner Kritik an einer rein mechanisch-kausalen Naturbetrachtung führt Leibniz den Gedanken der Kraft ins Feld: Die Monade, also das individuelle Einzelwesen, ist nicht eine passive Masse, auf die von außen eingewirkt wird, sondern ein aktives Kraftzentrum, welches das Gesetz seiner Zeugung und Fortzeugung in sich trägt. In Anknüpfung an den Gedanken der Entelechie deutet Leibniz Möglichsein als ein Streben nach Wirklichkeit. Nur organische Lebewesen sind in diesem Sinne Monaden, anorganische Körper dagegen bloße Aggregate. Monaden sind weder herstellbar noch zerstörbar; sie sind unendlich an Zahl und unerschöpflich in ihrer individuellen Verschiedenheit. Monaden sind fensterlos und insofern inkommunikabel, aber vom göttlichen Weltenschöpfer allesamt in einer «prästabilierten Harmonie» verortet und zu der besten aller Welten geordnet. Da eine erzieherische Einwirkung von außen der Abgeschlossenheit und dem substantiellen Einheitscharakter der je einmaligen und einzigartigen Monaden widerspräche, können sie sich nur aus sich selbst heraus entwickeln, und alle natürlichen Veränderungen der Monaden erfolgen aus ihrem inneren Zentrum und Kraftprinzip. Auf das äußerste zugespitzt heißt das: Eine Erziehung der Monaden als eine von außen kommende Beeinflussung ist unmöglich. Erziehung ist nur denkbar als eine von innen kraftvoll hervorquellende *Entwicklung*.

Pädagogisch wird die Idee einer «naturgemäßen» oder «natürlichen» Erziehung im Sinne der begleitenden Unterstützung natürlicher Reifungs- und Wachstumsprozesse vor allem bei Friedrich Adolph Wilhelm Diesterweg (1790–1866) durchdacht und begrifflich gefasst. Damit nimmt dieser politisch engagierte Pädagoge, dessen Namen man meistens nur im Zusam-

menhang mit der Emanzipation und Professionalisierung des
Lehrerstandes genannt findet, viele Grundgedanken und -the-
sen der späteren Reformpädagogik um fast einhundert Jahre
vorweg. In der um 1820 herum heftig geführten Auseinandersetzung um Naturalismus oder Supranaturalismus, Pädagogik
oder Kirchendoktrin ergreift er massiv Partei für den Naturalismus. Das entscheidende Argument lautet dabei: Während der
pädagogische Supranaturalismus – geblendet von der christlichen Erbsündenlehre und dem negativen Menschenbild des
Pietismus – «die Menschennatur knickt, statt sie zu entfalten» und «das Kind zur Passivität verdammt, statt die Selbsttätigkeit zu entwickeln», geht der Naturalismus «vom Kinde
aus» und nimmt dessen natürliche Neigungen, Interessen und
Bedürfnisse zum pädagogischen Richtmaß: Nicht das Kind
einer äußeren Ordnung unterwerfen, es vielmehr sich frei entfalten und spontan entwickeln zu lassen, wird zur pädagogischen Maxime schlechthin. *(Diesterwegs Tagebuch 1818–1822,*
hg. von H. G. Bloth, 1956)

Romantische und neoromantische Dichter von Novalis und
Wordsworth bis zu Rilke, Whitman und Stefan Zweig erheben
diese pädagogische Vision auf die Ebene der Poesie. Sie verklä-
ren die Kindheit zum (verlorenen) Paradies und stimmen den
Lobgesang auf das «heilige Kind» an, das – einem viel zitierten
Worte Ralph Waldo Emersons (1803–1882) gemäß – immer
wieder als Heiland und Messias vom Himmel herabsteigt, um
die verirrte und verwirrte Gesellschaft (der Erwachsenen) von
ihren Gebrechen zu erlösen und zu heilen. William Wordsworth
(1770–1850) proklamiert: «Das Kind ist der Vater des Mannes», und er beschreibt den Lebensweg des Kindes zum Er-
wachsensein als eine abschüssige Straße des Verlustes und den
Gang ins Leben als eine immer weiter werdende Entfernung von
Gott sowie von der Natur und ihrer heiligen Botschaft. In seiner
berühmten Ode «Ahnungen der Unsterblichkeit durch Erinne-
rungen der frühesten Kindheit» von 1807 heißt es: «Der Himmel liegt um uns in Kindertagen, der Schatten des Gefängnisses
umzieht das Wachstum schon des Knaben; jedoch er schaut das
Licht, wenn es auch flieht, noch in der Freude Gaben. Dem

Jüngling winkt der Ost von Ferne nur, doch ist er noch ein Priester der Natur, er sieht den Glanz gebreitet auf Wegen, die er schreitet; doch endlich muss der Mann ihn sterben sehn, im Lichte des gemeinen Tags vergehn.»

Von Rainer Maria Rilke ist in pädagogischer Hinsicht vor allem die Rezension von Ellen Keys Epoche machendem Buch von 1900 «Das Jahrhundert des Kindes» bemerkenswert, die er am 8. Juni 1902 im Bremer Tageblatt und Generalanzeiger veröffentlicht hat. Dort wehklagt er über das bedrückende Schicksal der Kinder, die in der Welt der Erwachsenen nicht Kinder sein dürfen. Nicht einmal wie Menschen würden sie dort behandelt, und die Eltern erstickten die kindliche Individualität schon im Keime: «Die besten streben danach, etwas aus ihrem Kinde zu machen, und ahnen nicht, wie sehr sie sich damit an dem Leben versündigen, das nicht gemacht, sondern nur genährt werden will.» Der Gedanke der Erziehung tritt hinter den Gedanken des Lebens zurück, und dieses will nicht geformt, sondern eben nur «genährt» sein. Diese poetischen Bilder sind jedoch nicht bloße pädagogische Metaphern, sondern sie spiegeln eine tief greifende und folgenschwere Umdeutung des Begriffs der Natur wider.

Hatte die Berufung auf die «Natur» des Menschen in der Aufklärung, bei Rousseau und noch bei August Hermann Niemeyer (1754–1828), dessen «Grundsätze der Erziehung und des Unterrichts» von 1796 zu den bedeutendsten und wirkungsträchtigsten Büchern des gesamten 19. Jahrhunderts gehörten, dazu gedient, das allgemeine Menschenrecht auf Bildung und Erziehung gegenüber einer gesellschaftlichen Verzweckung des Menschen zu behaupten und – wie Kant es gefordert hatte – den Menschen niemals nur als Mittel, sondern immer (auch) als Zweck zu respektieren, so wird «Natur» im Verlaufe des 19. Jahrhunderts zusehends im Lichte der aufkommenden Naturwissenschaften und ihres Leitbegriffs der «Entwicklung» gedeutet und reifiziert, d. h. verdinglicht und «für bare Münze genommen». In diesem Zusammenhang werden die Epoche machenden Evolutionstheorien von Lamarck, Spencer und Darwin nicht – wie sie tatsächlich gemeint waren – antiteleologisch ge-

lesen und nicht als Theorien der reaktiven Anpassung wahrge-
nommen, sondern genau umgekehrt als Theorien der Höherent-
wicklung und Vervollkommnung des Lebens ausgelegt. Diese
verkehrte Lesart führt zu einem Menschenbild, das anscheinend
jedes erzieherische Bemühen und jede pädagogische Anstren-
gung überflüssig macht. Der Mensch wird als ein Wesen betrachtet, das sich organisch aufgrund keimhafter Entwicklungs-
triebe von innen heraus entwickelt. Seine «Anlagen» tragen die
Tendenz zu ihrer vollkommenen Ausfaltung in sich selber; die
Entwicklung folgt inneren, dem Kinde eingeborenen Gesetzen.
Erziehung ist wesentlich nachgehende Hilfe und Unterstützung
der naturhaft wirksamen Kräfte. Grundlage der wissenschaftlichen Pädagogik wird die theoretische Erforschung und die
praktische Befolgung der Gesetze der kindlichen Entwicklung.

Diese typologische Denkfigur bricht im 20. Jahrhundert in der
hierzulande so genannten Reformpädagogik mächtig durch. Unter «Reformpädagogik» – in anderen Ländern *activismo*, *progressive education* oder *éducation nouvelle* genannt – versteht
man allgemein jene um die Wende vom 19. zum 20. Jahrhundert
aufkommende Kritik an dem in nahezu allen entwickelten In-
dustrienationen aufgebauten und organisierten Schulsystem –
eine Kritik, die sich dann von der Schule auf die gesamte Erziehung ausdehnt. In Deutschland dominieren in der trotz der bunt
schillernden Vielfalt der reformpädagogischen Konzepte recht
monotonen Argumentation drei durchgängige Motive: erstens
die Verherrlichung der (naturwüchsigen) vormodernen Gemeinschaft gegenüber der (durch Verträge und Vereinbarungen geregelten) modernen Gesellschaft; zweitens die Geringschätzung
des Lernens gegenüber dem Erlebnis und des Denkens gegenüber
dem Tätigsein; und drittens der Kampf gegen die angebliche
«Verkopfung» von Schule und Erziehung und die Rehabilitierung von Herz und Hand. Vom Gedanken der Selbstregulierung
des Kindes her fordern die Reformpädagogen einen weitgehen-
den Rückzug des Erwachsenen aus der Erziehung – so etwa
Gustav Wyneken (1875–1964) nach dem Ersten und der reformpädagogische Nachzügler Alexander S. Neill (1883–1973) nach
dem Zweiten Weltkrieg. Gegen die von ihnen gebrandmarkte

Lebensfremdheit von Schule und Erziehung postulieren sie ihre Rückführung in das Leben. Dieses «wirkliche Leben» sieht der eine am Familientisch und entwirft wie Berthold Otto (1859–1933) eine «Hauslehrerschule»; der andere auf dem Lande und gründet wie Hermann Lietz (1868–1919) Landerziehungsheime; der andere in den Dünen und plant wie Martin Luserke (1880–1968) eine «Schule am Meer»; andere suchen das «wirkliche Leben» noch früher, gehen bis zu Pestalozzis Modell der bergbäuerlichen Wohnstube zurück und bewerten die pädagogische Atmosphäre höher als das Lernen und die Inhalte; wieder andere lösen die Schule aus dem modernen Lebenszusammenhang heraus und konzipieren sie inselhaft als eine Art Kleinstaat im Staate oder nach dem Modell der antiken *polis* – wie es zuletzt Hartmut von Hentig (geb. 1925) getan hat.

Das «reformpädagogische» Denkmuster erlebt in der zweiten Hälfte des 20. Jahrhunderts bis in die unmittelbare Gegenwart in den «alternativen» Konzepten der antiautoritären und der antipädagogischen Erziehung, in der non-direktiven Erziehung von Carl Rogers (1902–1987), in der Pädagogik der Selbstverwirklichung von Abraham Maslow (1908–1970), in den Programmen pädagogischer Bedürfnisbefriedigung bei den französischen Marx-Freudianern (vor allem Gérard Mendel, René Schérer, Christian Vogt, Gilles Deleuze und Félix Guattari), bei den Aposteln einer pädagogischen Freisetzung der Libido (Wilhelm Reich, Herbert Marcuse u. a.) und in modifizierter Form auch in den pädagogisch ausgedünnten Programmen einer vom Konstruktivismus hergeleiteten «kurativen Lebenslaufbegleitung» (Dieter Lenzen, Horst Siebert u. a.) ihre Fortsetzung und aktuelle Wiederbelebung.

Dabei wird die spätestens seit Montesquieu maßgebliche und gesellschaftlich bedeutsame Unterscheidung zwischen dem Naturgesetz im Sinne eines notwendigen kausalen Wirkungszusammenhangs einerseits und andererseits dem politischen Gesetz im logischen Sinne von Regel und Vorschrift ausgeblendet. Stattdessen wird nach Art eines naturalistischen Fehlschlusses bzw. einer *petitio principii* (lat.: Erschleichung eines Grundsatzes) durch die klammheimliche Identifizierung beider Gesetze eine vermeintlich «objektive» und «wissenschaftliche» Grundlage der Pädagogik beansprucht. Diesterweg berief sich dabei zu seiner Zeit auf die «naturwissenschaftliche Psychologie» Friedrich Eduard Benekes (1798–1854); die Reformpädagogen stützten sich auf die positivistische Anthropologie, die Rassenlehre und die Kinderpsychologie ihrer Zeit; bei Rogers und Maslow leistet diese «Begründung» die so genannte Humanistische Psychologie mit ihrer ontologisierten (d. h. verdinglichten) «Bedürfnispyramide»; die Marx-Freudianer ziehen eine sozialwissenschaftliche Theorie der Bedürfnisse zu Hilfe, und die aktuellen Verfechter einer auf diese Weise konstruierten pädagogischen Wissenschaft nehmen ihre Zuflucht zu einer biologischen Systemtheorie, die nicht so neu ist, wie ihre Anhänger glauben machen möchten (oder aus historischer Unkenntnis selber glauben). Der Konstruktivismus des chilenischen Biologen Humberto Maturana (geb. 1928) geht – wie dessen Schöpfer dem Autor dieses Buches persönlich versichert hat – von jener Embryologie und Zellehre aus, die Albert von Koellicker (1817–1905) und Rudolf von Virchow (1821–1903) um die Mitte des 19. Jahrhunderts an der Universität Würzburg begründet und entwickelt haben. Sie hat danach rasch die Medizin weltweit revolutioniert, und ihre philosophische Umschrift zu einem erkenntnistheoretischen Konstruktivismus schlägt heute viele jener Erziehungswissenschaftler in ihren Bann, die sich von der Idee der Pädagogik verabschieden möchten und hier einen möglichen Neuanfang des Denkens über Erziehung suchen. Die in der Zellteilung wirksame und sich in der fortschreitenden Ausdifferenzierung des biologischen «Systems» Mensch manifestierende Kraft der *Autopoiesis* (Selbstherstellung) lässt Wachstum und Reife und die Menschwerdung des Menschen als einen Prozess erscheinen, in dem sich das von innen heraus aufbauende «System» nicht nur seiner Umwelt anpasst, sondern diese auf seine je eigene Weise «konstruiert» und schafft – ein Gedanke, der seinen philosophischen Ursprung bei Nikolaus von Kues nur schwer verleugnen kann. Durch die Reifizierung des Konstruktionsbegriffs wird Pädagogik als Hilfe zur Selbstbestimmung des Menschen hinfällig, weil der Gedanke der Selbstbestimmung entweder biologisiert oder – in der soziologischen Umschrift des Konstruktivismus zur soziologischen Systemtheorie – soziologisiert und Erziehung entweder zu einem irritierenden und den autopoietischen Prozess anstachelnden Impuls oder zu einer den Lebenslauf beobachtenden und lediglich «kurativ» begleitenden Tätigkeit erklärt.

Bemerkenswert erscheint dabei auch, dass ausgesprochen «wissenschaftlich» argumentierende Pädagogen bzw. solche, die für sich beanspruchen, eine neue Wissenschaft von der Erziehung zu schaffen, eine an die alte Physikotheologie (Beweis Gottes aus der Ordnung der Natur) erinnernde Symbiose mit theologisch-kosmologischen Denkmustern eingehen und einen Weg vom Logos (zurück) zum Mythos einschlagen. So gründet Rudolf Steiner (1861–1925), der Vater der Waldorf-Pädagogik, den exklusiven Anspruch seiner anthroposophischen Geisteswissenschaft, nur sie liefere eine «vollkommene Wesensschau» des Menschen und ein «vollmenschliches» Verständnis der Erziehung, darauf, dass seine Pädagogik außer der Sinnen- und Innenwelt auch die kosmische Welt des Menschen berücksichtigt und ihr sogar das entscheidende Gewicht beimisst. Dabei beansprucht Steiner einen fiktiven kosmischen Werdegang, den er unter die aus dem hinduistischen Denken stammende Formel «Karma» (von Sanskrit: *karman* = die Summe der guten oder schlechten Taten eines Menschen) bringt. Die auf das kosmische Karma-Schicksal des Menschen gerichtete Geistesforschung seiner Anthroposophie erlaubt es angeblich, über das konkrete Kind «hinauszuschauen» – zurück in sein vorgeburtliches Leben und voraus auf seine künftigen Wiedergeburten – und dank dieser «höheren Geisteswissenschaft» sein Lebensschicksal an sein Karma-Schicksal zu binden bzw. die Erziehung karmagerecht zu gestalten. Die italienische Evolutionsbiologin und Anthropologin Maria Montessori (1870–1952) erklärt, angeregt durch den Monismus Ernst Haeckels (1834–1919) und im Dunstkreis der Theosophie stehend, die mathematisch-logische Ordnung des Makrokosmos und den immanenten Bauplan des kindlichen Mikrokosmos als eine göttliche Emanation (lat.: Ausfluss) und entwirft ihre «wissenschaftliche Pädagogik» als

Theorie einer *kosmischen Erziehung*, gegründet auf die Prinzipien von Embryologie, Geologie und Ökologie. Dabei kann
ihr am Ende der Ameisenhaufen als sozial-ethisches Modell
erscheinen, weil sich dort jedes Lebewesen unegoistisch dem
von einem himmlischen Geometer entworfenen Gemeinschafts-
zweck hingibt und «aufopfert».

Erziehung im Bannstrahl der Gesellschaft

Um die pädagogische Idee im Bannstrahl der Gesellschaft mit
einem Blick zu erfassen, ist der Hinweis auf einen der pädagogisch wirkungsträchtigsten Texte des nachnapoleonischen
und oft als klassische Epoche bezeichneten Reformzeitalters
am Beginn des 19. Jahrhunderts hilfreich. In seinen «Reden
an die deutsche Nation» bestimmt Johann Gottlieb Fichte
(1762–1814) als Ziel der Nationalerziehung, zu lernen, «gleich
Gott um höheren Lebens willen das niedere Leben daran zu wa-
gen». Eduard Spranger hat 1944 in seiner Neuausgabe dieser
Schrift kommentierend hinzugefügt: «wo es in königlicher Freiheit für Volk und Staat gegeben wird». In der zeitgenössischen
Kritik Herbarts an Fichtes Reden findet sich bereits der bemer-
kenswerte Einwand, es dürften um eines philosophischen Welt-
plans willen nicht die früheren Geschlechter absichtlich für die
kommenden geopfert werden. Er besagt, dass die Erziehung
grundsätzlich nicht der Politik untergeordnet und die heranwachsende Generation nicht zugunsten eines gesellschaftlich-
politischen Zweckes instrumentalisiert werden darf, der möglicherweise nie eintritt oder von der bestehenden Generation
nicht erreicht wird. Das Argument trifft alle Pädagogiken, die
entweder einseitig im Dienste einer kollektiven Gesamtheit – sei
sie vergangen, gegenwärtig, zukünftig oder utopisch – stehen
oder die Erziehung (eindimensional) als ein Werk der Gesellschaft begreifen. Solche Pädagogiken treten in restaurativer,
konservativer, progressiver, revolutionärer oder auch nur in
konventioneller Kleidung in Erscheinung.

Als bedeutendster Repräsentant einer solchen Pädagogik ragt
Émile Durkheim (1858–1917) heraus. Durkheim, einer der Be-

gründer der Soziologie als Wissenschaft und der beherrschende Übervater der Pädagogik in Frankreich, stützt sich auf den Positivismus seines Landsmanns Auguste Comte (1798–1857) und dessen Dreistadiengesetz der menschlichen Erkenntnis – von der Theologie, welche alle Gegebenheiten als Wirkungen übernatürlicher Wesenheiten annimmt, über die Metaphysik, bei der abstrakte Kräfte (z. B. der freie Wille) an die Stelle übernatürlicher Wesen treten, zur positiven Wissenschaft, welche die beobachteten Tatsachen allein dadurch erklärt, dass man die einzelnen Erscheinungen miteinander in Beziehung setzt und daraus Gesetzmäßigkeiten ableitet. Von dieser Grundlage her nimmt Durkheim die Erziehung rein als «soziale Tatsache» wahr. Mit Blick auf die Geschichte der Erziehung spricht er ausschließlich dem Kollektivbewusstsein (*conscience collective*), in dem sich Glaubensinhalte, religiöse Gebräuche, Regeln der Moral, Rechtsvorschriften etc. sammeln, pädagogische Normativität zu. Theodor W. Adorno hat diese normative Setzung Durkheims mit der ihm eigenen Schärfe kommentiert: «Durkheim übernimmt die kollektiv sanktionierten Werte, setzt ihre Kollektivität ihrer Objektivität gleich und dispensiert sich damit von der Frage nach ihrer Möglichkeit in der Moral.» (Einleitung zu Durkheim: *Soziologie und Philosophie*, 1976, S. 22) In der Tat leugnet Durkheim jede Moral, die ihren Ursprung nicht in der Gesellschaft hat, und er geht sogar so weit zu behaupten, dass niemals eine andere Moral gewollt werden könne als diejenige, welche jeweils der soziale Zustand der Zeit erfordert: «Eine andere Moral wollen, als die der Natur der Gesellschaft innewohnt, heißt die Gesellschaft verneinen und somit sich selbst verneinen.» (*Soziologie und Philosophie*, S. 88) Für Durkheim stellt die Kollektivität nämlich nicht nur die höchste und einzige moralische Autorität dar; sie ist es auch, die den Menschen überhaupt zum Menschen macht. Der entscheidende (und unverkennbar an einen verkürzten Rousseau erinnernde) Satz lautet: «Zu einem wahrhaft menschlichen Wesen macht uns allein das, was wir von jener Gesamtheit der Ideen, Gefühle, Glaubensinhalte und Verhaltensvorschriften, die man Zivilisation nennt, uns anzueignen vermögen.» (A. a. O., S. 108)

In Form von politischen Pädagogiken – seien diese faschistisch, völkisch, nationalsozialistisch oder staatsdoktrinär sozialistisch – verschärft sich diese Denkweise und verkehrt sich von einer Theorie zur Ideologie und von einer Orientierung zur Indoktrination im Namen von Hypostasen naturhafter oder gesellschaftlicher Ganzheiten, die die pädagogische Praxis als ihre Exekutive zu instrumentalisieren suchen. Giuseppe Catalfamo (1921–1989) hat auf luzide Weise zwischen dem *Philosophieren über Erziehung* und ihrer *Ideologisierung* in «ideologischen Pädagogiken» unterschieden. Während jenes offen und kritisch bleibt, gerinnen diese zu gesellschaftlich bedingten gedanklichen Apparaten (*Ideologie und Erziehung*, 1984). Von einer politisch-ideologischen Zwecksetzung her wird das Bestehende kritisiert und, weil es angeblich «wahre» Freiheit und «echte» Emanzipation verhindert, verworfen. Gegenüber einer als formalistisch, subjektivistisch oder individualistisch gescholtenen Pädagogik wird von einer inhaltlich klar bestimmten Vision der Gesellschaft her die Erziehung eines «neuen» Menschen legitimiert und in Angriff genommen. Dabei zieht sich diese Vorstellung von den utopischen Sozialisten (Robert Owen, Pierre-Joseph Proudhon u. a.) bis zu den totalitären Staats- und Parteipädagogiken des 20. Jahrhunderts (im Sowjetkommunismus, im deutschen Nationalsozialismus, im italienischen Faschismus und anderswo). Eine von der Partei oder von der Staatsdoktrin gelenkte Erziehung bedarf keiner philosophisch-pädagogischen Begründung; der Gedanke der Selbstbestimmung des Menschen wird von ihr erstickt und die Erziehung weitgehend in Zucht und Disziplin aufgelöst. Ernst Krieck (1882–1947), der führende Erziehungswissenschaftler des Nationalsozialismus, hat mit besonderer Unerbittlichkeit den ideologischen Charakter der Erziehung behauptet: Nur in und von der Gemeinschaft erhält das Leben des Einzelnen einen Sinn, wobei Krieck eine auf das Blut gegründete rassische Gemeinschaft vor Augen hat, von der sich die Einheit des Fühlens, Wollens und Handelns herleitet. In dem Maße, wie diese Einheit Wirklichkeit wird, tilgt sie die individuellen Eigentümlichkeiten und Verschiedenheiten aus und lässt nur jene

Differenzen bestehen, die für das Fortleben der Gruppe unentbehrlich sind. Aber auch Peter Petersen (1884–1952), dessen Jena-Plan heute vielfach als ein demokratischer Schulentwurf angesehen wird, gehört in diesen Denkumkreis, denn sein pädagogisches Programm, den Einzelnen in der Gemeinschaft durch die Gemeinschaft für den Dienst an der Gemeinschaft zu erziehen – der Einzelne ist nichts, die Gemeinschaft ist alles –, zielt nicht auf individuell eigentümliche und sich selbst bestimmende Menschen, sondern will gesellschaftsbezogene Persönlichkeiten hervorbringen. Insofern konnte Petersen angesichts eines vagen und unbestimmten Gemeinschaftsbegriffs, wie Ralph Dahrendorf ihn zu den charakteristischen Ingredienzien der «deutschen Ideologie» gezählt hat, seinen Jena-Plan in der Weimarer Republik entwickeln, dem Nationalsozialismus andienen und in der DDR praktizieren. Dabei muss anthropologisch insbesondere seine Dreiteilung der Menschen in die untere Masse der Eingeweidetypen, den mittleren Typ der Relativ-Passiven und die schmale Schicht der Tätigen, welche er auch als den ganz kleinen Kreis der «Führer» bezeichnet, befremden. Während diese die Fähigkeit zum Überblick besitzen und uns lehren, die Dinge anders zu sehen, ist die große Menge der Menschen nichts anderes als «Eingeweide, nicht zu entbehren wie diese, aber ihr Leben ist Erwerben zum Fressen und Saufen, Spielen und Tanzen, Huren und Buben.» (*Allgemeine Erziehungswissenschaft*, 1924, S. 261)

René König hat den von Durkheim initiierten Gedanken der *Erziehung als Sozialisation* auf den Begriff des Menschen als eines sozialen Rollenträgers fokussiert. Von dem von Georg Simmel schon 1908 eingeführten Begriff der sozialen Rolle her nähren sich bis heute die Versuche, Erziehung soziologisch zu denken. Bei der Übertragung der Theatermetapher auf die Gesellschaft stand die Vorstellung Pate, die Gesellschaft sei ein Gefüge von Verhaltensnormierungen, wobei stets «bestimmte Gleichförmigkeiten, Regelmäßigkeiten des Handelns als gesollte, als verbindliche ausgezeichnet» werden. Soziale Rollen sind grundsätzlich kollektiver Natur und stellen, wie es Heinrich Popitz zugespitzt hat, «eine soziale Haut konfektioneller Art» dar (*Der Begriff der sozialen Rolle als Element der soziologi-schen Theorie*, 1967, S. 8 und 11). Während wir laut Simmel in der gesellschaftlichen Wahrnehmung den Anderen nicht in sei-ner realen, schlechthin individuellen Bestimmtheit erfassen, son-dern vordringlich in seiner sozialen Verallgemeinerung als Trä-ger gesellschaftlicher Rollen, kann diese Ausblendung des Singu-lären dennoch nicht verkennen machen, dass der Rollenträger mehr ist als nur der Träger seiner Rollen. Wie das Wort Schau-spieler besagt, «spielt» dieser seine Rolle, «ist» sie aber nicht.

Für die soziologische Umdeutung der pädagogischen Idee ist der Begriff der sozialen Rolle im 20. Jahrhundert in zwei sehr unterschiedlichen Weisen maßgeblich geworden: zum einen in der auf den nordamerikanischen Kulturanthropologen Ralph Linton (erstmals 1936) zurückgehenden «positionellen» Fas-sung, zum anderen in dem von George Herbert Mead (erstmals 1934) ausgehenden «personalen» Verständnis. Für Linton und in seinem Gefolge für Talcott Parsons, Robert Merton und Ralph Dahrendorf besteht die soziale Rolle in einem Bündel von Einstellungen, Wertvorstellungen und Verhaltensweisen, die dem Inhaber einer sozialen Position von der Gesellschaft zuge-schrieben und von ihm erwartet werden. Merton hat in diesem Denkumkreis den Begriff der Entfremdung gegenüber Rousseau, Hegel und Marx umgekehrt und mit ihm nicht die durch die Auslieferung an gesellschaftliche Fremdanforderungen ihrer selbst entfremdete Person gemeint, sondern das diesen Außener-wartungen widerstehende eigenständige Individuum. Damit hat er zugleich die pädagogische Idee der Selbstbestimmung des Menschen ausgehöhlt und untergraben. Für Mead und den von ihm begründeten symbolischen Interaktionismus steht dagegen weniger die soziale Rolle als der Rollenspieler im Vordergrund. Im Gegensatz zu Parsons und Merton wird eine kreative Gestal-tung der sozialen Interaktionsbeziehungen und das Auftreten von nicht-institutionalisierten Rollenerwartungen nicht als eine Bedrohung für die Stabilität des gesellschaftlichen Systems ange-sehen, sondern als ein spezifisches Kennzeichen menschlichen Handelns und Miteinanderhandelns gewertet. Interaktionistisch kann diese Rollenauffassung deshalb genannt werden, weil die

Antizipation des Verhaltens des Anderen (*taking the role of the other*) in die eigene Handlungsgestaltung mit eingeht. Damit aber wird reflexives Denken und intentionale Gerichtetheit ausdrücklich in das Rollenhandeln einbezogen. Auf diese Weise ist für den symbolischen Interaktionismus und die ihm verwandten Denker nicht Rollenkonformität, sondern gerade umgekehrt Rollendistanz zu einem zentralen und auch pädagogischen Thema geworden. Jürgen Habermas (geb. 1929) hat dabei den Begriff der Rollendistanz nicht im Sinne eines Sozialisationsdefizits als mangelnde Identifikation mit der Rolle verstanden, sondern gerade umgekehrt als Ausdruck einer kritisch-reflexiven Haltung zur Rolle gewertet. Auf diese Weise hat er dazu beigetragen, die pädagogische Idee im Sinne von menschlicher Emanzipation und personaler Selbstbestimmung zurückzugewinnen.

Erziehung im Dienste der Person

Eine Neufassung der pädagogischen Idee ist im 20. Jahrhundert in der Weise vorgenommen worden, dass man die natürlichen Gegebenheiten und die gesellschaftlichen Voraussetzungen der Erziehung nicht geleugnet, sondern im Gegenteil immer intensiver und differenzierter untersucht und erforscht, gleichzeitig aber sowohl die Absolutsetzung der Natur als auch jene der Gesellschaft in ihrer pädagogischen Einseitigkeit und Eindimensionalität durchschaut hat. Auch die schlichte Überkreuzung einer «naturalistischen» und einer «sozialistischen» Perspektive, in welcher der einzelne Mensch als der Schnittpunkt seiner «natürlichen Anlagen» und der auf ihn einströmenden «Umwelteinflüsse» – beides weder zu verdinglichende noch erst recht nicht exakt messbare Größen – «resultierte», hat das anthropologisch-pädagogische Denken nicht befriedigen können. Ebenso wenig konnte diese Vorstellung das Unbehagen des Menschen beseitigen, das ihn immer dann befällt, wenn er sich nur als das Produkt von Anlage und Umwelt begreifen, die Idee der Freiheit aufopfern und sich einer wehrlosen Fremdbestimmtheit preisgeben soll.

Die Neufassung der pädagogischen Idee ging von einer Strukturierung der komplementären Trias von Natur, Gesellschaft und Ich dergestalt aus, dass sie Natur und Gesellschaft den Rang von kontingenten *Bedingungen* zuwies und der Aktivität des Ich die Bedeutung eines begründenden *Prinzips* zusprach. Diese Zuordnung des *Ich als Prinzip* sowie von *Natur und Gesellschaft als Bedingungen* für dessen Realisierung wird unter dem Begriff der *Person* gefasst und kann als eine «personalistische» Pädagogik bezeichnet werden. Dabei geht der Begriff «Person» historisch auf das jüdisch-christliche Denken zurück, ohne dass er daran gebunden bleiben müsste.

In der Pädagogik hat das personalistische Denken im 19. Jahrhundert vor allem bei Schleiermacher, aber auch bei Antonio Rosmini (1797–1855) in Italien, bei Henri Bergson (1859–1941) und Étienne Boutroux (1845–1921) in Frankreich, bei Andrés Manjón (1846–1923) in Spanien, und dann massiv im pädagogischen Personalismus des 20. Jahrhunderts Gestalt gewonnen. Als die Geburtsstunde dieses Personalismus gilt die 1932 von Emmanuel Mounier (1905–1950) gegründete Zeitschrift *«Esprit»* und als ihre Geburtsurkunde das ebenfalls von Mounier verfasste «Personalistische Manifest» von 1936. Dort gab Mounier folgende Erklärung: «Unter Personalismus verstehen wir jede Lehre und jede Kultur, die den Vorrang der Person des Menschen vor den materiellen Bedürfnissen und gesellschaftlichen Einrichtungen vertritt, die ihre Entwicklung bestimmen. Wir fassen unter der Idee des Personalismus jene zusammenlaufenden Bestrebungen zusammen, die heute ihren Weg jenseits des Faschismus, des Kommunismus und der verfallenden bürgerlichen Welt suchen.» Jean Lacroix hat den Personalismus, der in Frankreich entstanden ist und sich dann vor allem in der mediterranen, lateinamerikanischen und osteuropäischen Kultur ausgebreitet hat, als eine Anti-Ideologie gekennzeichnet und dabei ein wesentliches Moment getroffen: Er ist erwachsen aus der Kritik an den damals vorherrschenden (personfeindlichen) Ideologien des sozialistischen Kollektivismus und des kapitalistischen Liberalismus, und er hat sich immer wieder in der Auseinandersetzung mit jenen zeitgenössischen Doktrinen geschärft, die den Wert der Person bestreiten und den Menschen gesellschaftlich, politisch oder pädagogisch einem unpersonal Objektiven unterwerfen wollen. Zuletzt hat Paul Ricœur mit seinem Buch «Das Selbst als ein Anderer» (deutsch 1996) dem personalistischen Denken kraft einer kritischen Revision der analytischen Sprachphilosophie neues und überzeugendes Profil gegeben.

Die Grundthesen des Personalismus sind ebenso einfach wie einleuchtend. Der polnische Philosoph Karol Wojtyla (1920–2005) hat sie auf zwei schlichte Formeln gebracht: Der Mensch ist, objektiv gesehen, ein *Jemand*, der sich von den Dingen unterscheidet, die nur ein *Etwas* sind. Der Mensch als Person hat einen *freien Willen* und ist *Meister seiner selbst*. (*Amour et responsabilité*, 1978, S. 13 u. 16) In pädagogischer Hinsicht heißt das: Die Erziehung geht davon aus, dass der Mensch primär ein Handelnder ist, der sich selbst als verantwortlicher Urheber seiner Handlungen entwerfen und erfahren kann; zweitens versteht sich die menschliche Aktion nur als Interaktion oder – im Aristotelischen Sinne – als Praxis; es gibt keine menschliche Handlung, die sich nicht auf ethische Maßstäbe beriefe; Handeln als Machtausübung über andere Handelnde hat immer einen Erleidenden als Gegenpart, was auch in der elementarsten ethischen Grundeinsicht, der sog. Goldenen Regel, zum Ausdruck kommt. Eine personalistische Pädagogik nimmt ihren Ausgang bei diesen Axiomen, die nicht *a priori* gesetzt sind, sondern aus der personalen Erfahrung gewonnen werden. Sie dienen als die prinzipiellen Maßgaben für das erzieherische Handeln und Miteinanderhandeln unter den jeweils gegebenen kontingenten Bedingungen. Personsein ist niemals absolut, sondern immer nur annäherungsweise zu verwirklichen. Das macht auch die Grenzen der Erziehung aus.

In seiner im engen Wortsinne personalistischen, d. h. vom *primum* der Person her denkenden Pädagogik nimmt Giuseppe Flores d'Arcais (1908–2004) die innere Selbsterfahrung des Menschen zum Ausgangspunkt. Danach konstituiert sich das Individuum als Person in der vierfachen Erfahrung als Ich (Innerlichkeit), als Du (Sozialität), als erkennend (Theorie) und als handelnd (Praxis). Erziehung heißt dann die einem Heranwachsenden zugewandte Hilfe zur Verwirklichung seines Personseins in der Weise, dass dem Einzelnen die Totalität dieser Erfahrung und dem Menschen als Subjekt seiner Erziehung der wohlausgewogene Selbstaufbau ermöglicht wird.

Der Kreis der pädagogischen Idee schließt sich mit einem Modell der Person, welches das pädagogische Denken wieder an seine antiken und jüdisch-christlichen Wurzeln zurückbindet, ohne die einzelnen Wegmarken auszublenden, an denen der historische Gang vorbeigeführt hat, und das quasi eine Summe aus der Geschichte der Pädagogik zieht. Anknüpfend an den uralten Gedanken von der Erschaffung des Menschen *nach dem Bild* und *zum Gleichnis* eines personalen Schöpfergottes, der sich durch Vernunft, Freiheit und Sprache auszeichnet, lässt sich diese Erschaffung zunächst als eine passive Prägung verstehen, die den Menschen nur potentiell mit diesen drei Eigenschaften ausstattet: Der *mögliche* Mensch ist befähigt, sein Leben vernünftig, frei und kommunikativ zu gestalten und selbst zu bestimmen. Ziel der Personwerdung ist es – in der Sprache vor, mit und nach Rousseau gesprochen –, diesen möglichen Menschen *wirklich* werden zu lassen. Diese Erwirklichung geschieht dadurch, dass der Mensch von den Möglichkeiten seiner Vernunft, Freiheit und Sprache tatsächlich Gebrauch macht und auf aktuelle (und nicht nur potentielle) Weise immer vernünftiger, freier und kommunikativer wird. Erziehung erscheint in diesem Modell als die Hilfe, die dem Menschen vom ersten Augenblick seines Lebens bis an sein Ende zuteil wird, damit er dieses Personsein Schritt um Schritt verwirklicht, d. h. aus seiner bloßen Möglichkeit in konkret gelebte Wirklichkeit überführt. Diese Erziehung wird sich auch in Zukunft nicht technologisch bewerkstelligen lassen, und die Pädagogik ist gut beraten, wenn sie sich der Grenzen und Kautelen bewusst bleibt, die die historische Erfahrung lehrt und bereit hält. Marian Heitger hat es sogar als die Nagelprobe jeder menschenwürdigen Erziehung bezeichnet, dass sie grundsätzlich immer scheitern können muss. Wo sie das nicht mehr könnte, hätte sie ihren pädagogischen ebenso wie ihren humanen Charakter längst eingebüßt.

Literaturhinweise

Weiterführende Hinweise und Literatur zu einzelnen Autoren, Epochen, Begriffen und Problemen findet man in: Winfried Böhm: *Wörterbuch der Pädagogik*, 16. Aufl. Stuttgart 2005.

Adler, Mortimer J.: *Reforming Education*, London 1990.

Benner, Dietrich: *Allgemeine Pädagogik*, 4. Aufl. Weinheim 2001.

Benner, Dietrich und Herwart Kemper: *Theorie und Geschichte der Reformpädagogik*, 3 Teile, Weinheim 2003.

Böhm, Winfried: *Theorie und Praxis. Eine Einführung in das pädagogische Grundproblem*, 2. Aufl. Würzburg 1995.

Böhm, Winfried: *Entwürfe zu einer Pädagogik der Person*, Bad Heilbrunn 1997.

Böhm, Winfried (Hg.): *Pädagogik, wozu und für wen?* Stuttgart 2002.

Blaß, Josef Leonard: *Modelle pädagogischer Theoriebildung*, 2 Bde., Stuttgart 1978.

Bolle, Rainer: *Jean-Jacques Rousseau*, Münster 1995.

Brinkmann, Wilhelm und Jörg Petersen (Hg.): *Theorien und Modelle der Allgemeinen Pädagogik*, Donauwörth 1998.

Catalfamo, Giuseppe: *Ideologie und Erziehung*, Würzburg 1984.

Heitger, Marian: *Bildung als Selbstbestimmung*, Paderborn 2004.

Litt, Theodor: *Führen oder Wachsenlassen. Eine Erörterung des pädagogischen Grundproblems*, 12. Aufl. Stuttgart 1965.

Oelkers, Jürgen: *Die große Aspiration. Zur Herausbildung der Erziehungswissenschaft im 19. Jahrhundert*, Darmstadt 1989.

Passmore, John: *Der vollkommene Mensch. Eine Idee im Wandel von drei Jahrtausenden*, Stuttgart 1975.

Prinzip Person. Über den Grund der Bildung, hg. von Waltraud Harth-Peter, Ulrich Wehner und Frithjof Grell, Würzburg 2002.

Scheuerl, Hans: *Pädagogische Anthropologie*, Stuttgart 1982.

Speck, Josef (Hg.): *Problemgeschichte der neueren Pädagogik*, 3 Bde., Stuttgart 1978.

Sturma, Dieter (Hg.): *Person*, Paderborn 2001.

Tarnas, Richard: *Idee und Leidenschaft. Die Wege des westlichen Denkens*, Hamburg 1997.

Tenorth, Heinz-Elmar (Hg.): *Klassiker der Pädagogik*, 2 Bde., München 2003.

Personenregister